翻轉學

翻轉學

NFT, 디지털 자산의 미래—메타버스와 P2E, 돈 버는 방법이 달라졌다

邊玩邊賺入手
NFT

迎接元宇宙時代，如何判斷真偽、避開詐騙和泡沫化，
買一張有價值又抗跌的虛實資產？

李林福 이임복—著 吳孟璇—譯

目　錄

序章　迎接元宇宙，對 NFT 不再一知半解

第 1 章　NFT 是有價值的資產，不只是檔案

 第 2 章　NFT 的開始與未來

第 3 章　NFT 交易的基本結構

第 4 章　零基礎進場 NFT

第 5 章　邊玩邊賺的大商機

第 6 章　存在泡沫化危機，也帶來新契機

第 7 章　企業的布局決定 NFT 普及的速度

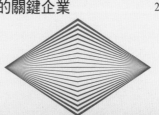

第 8 章　為迎接 NFT 時代做好準備

好評推薦

「淺顯易懂，圖文並茂，是一本非常適合新手進入元宇宙的入門書。」

—— 杜若宇，Hooky Finance 創辦人

「什麼是 NFT ？有人認為那是未來，也有人說那是詐騙。這是因為每款 NFT 所承載的意義各有不同，目前大家都還在試誤階段。本書將全球對 NFT 的各種嘗試集合起來，雖然未必能幫你找到正確方向，但看完後，對 NFT 肯定不再陌生。」

—— 許明恩，區塊勢創辦人

前言
NFT 不是一時風潮，而是未來趨勢

2021 年掀起的 NFT[*]熱潮，話題仍在持續延燒中。韓國電影《極速快遞》（*Special Delivery*），為了宣傳而製作的 NFT 只花了 1 秒就全數賣光；韓國男演員姜棟元將自己親手做木工的影片製成 NFT 販售，並把收入全數捐出；韓國漫畫平台 Kakao Webtoon 上，擁有 142 億觀看次數的《我獨自升級》也推出 NFT，300 張作品只花了 1 分鐘就全數售罄。

2021 年，《柯林斯詞典》（*The Collins Dictionary*）選出的年度詞彙中，「NFT」擠下「元宇宙」成為年度詞彙冠軍，可想而知，NFT 已在全球掀起了一陣旋風。

2022 年 1 月，美國舉辦的消費電子展「CES 2022」，太空產業、食品科技和 NFT 都被視為新興的技術領域。正因為 NFT 在各產業都獲得了極高的關注，新聞媒體也跟上這股熱潮，不斷播報跟 NFT 相關的新聞。

---

* 非同質化代幣（Non-Fungible Token）。是一種具稀有性、獨一無二的數位資產，同時也能成為一種數位原版證書。

大眾抱持兩極化看法

　　2021 年 3 月，美國數位藝術家 Beeple 的 NFT 作品以高達 785 億韓元（約新台幣 19.6 億元）的天價成交。得知這則新聞的大眾有兩極化看法：「好厲害」和「無論再怎麼傑出的作品，這成交金額也太誇張了」、「這會泡沫化吧」。然而，Beeple 的新聞不過是個開始，此後大眾對 NFT 更加關注。

　　NFT 作品以高價成交的消息不時登上新聞版面，彷彿真的快接近泡沫化的臨界點。除了美國，韓國也有許多藝術、漫畫平台、電影、經紀公司等跨足 NFT，並創下完售的佳績。

　　韓國多音通訊公司（Kakao）也積極進入 NFT 市場，在通訊軟體 Kakao Talk 上搭載了加密貨幣錢包「Klip」，子公司 Ground X 更推出了 NFT 交易所「Klip Drops」，從 Kakao 多方布局可知，企業也十分重視 NFT 市場，無論是企業或個人都對 NFT 產生了高度的關注。

雖然走向泡沫化，但未來指日可待

NFT 絕對能成為數位資產的新未來，因為 NFT 能定義數位資產的所有權屬於誰，這不僅是一項相當大的改變，同時也會是一個嶄新的機會。

一直以來，最好的技術總會在不知不覺間就融入你我的生活中，NFT 也將會如此。像是智慧型手機、Wi-Fi、App 剛出現時，我們也覺得這些詞語十分陌生，但現在我們卻已經能琅琅上口，所以 NFT 遲早也能像電子郵件一樣，應用於日常生活中，而此刻的我們正處於新世代的起點上。

儘管 NFT 可以運用的範圍十分廣泛，卻仍舊被許多人認為可能會泡沫化，是因為大眾只在乎該如何透過 NFT 來賺錢。

一張看似沒有實質價值的數位畫作，卻能以好幾百億韓元的價格賣出；一支只有 10 秒的漫畫影片，也能以 100 億韓元（約新台幣 2.5 億元）出售，這也難怪大眾會認為 NFT 只是一時的風潮罷了。

作品能創下高價一定有原因，我們無法斷言這現象是好還是壞，但無論是何種形式的資產，絕對不可能只上漲而不下跌。當大眾對 NFT 的期待轉為失望後，NFT 自然也會

跟著泡沫化。

因此無論是對 NFT 感興趣的企業或個人，都該提前為泡沫化的可能做好心理準備。因為只要提前做好準備，無論之後遇到什麼風險，我們都能想出應對之策。只要度過泡沫化的陣痛期，相信 NFT 絕對能以更加穩定的形式，融入我們的日常生活中。

改變賺錢、花錢的方式

NFT 所帶來的變革不僅限於虛擬資產的買賣，更是要賦予數位資產真正的價值，像是網路內容的著作權、遊戲道具的所有權，甚至是名牌包的保證書等，也正因如此，未來我們賺錢、花錢、用錢的方式等，都將有所改變。

如果「元宇宙」是通往未來的火車，那「NFT」就是讓我們能搭上那班火車的車票。現在就讓我們一起來了解 NFT，迎接截然不同的世界。比起展望未來，親自去體驗並創造的未來一定會更加有趣。

序　章

迎接元宇宙，
對 NFT 不再一知半解

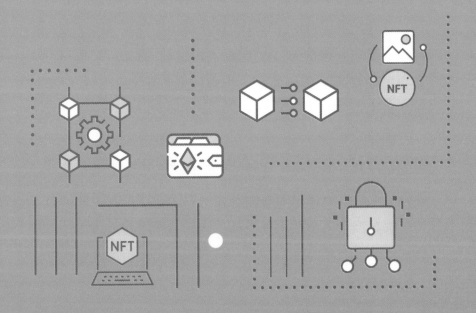

01

破解你對 NFT 的五大疑問

為什麼要認識 NFT ？

我們必須認識 NFT 的理由十分簡單，因為我們都是數位化作品的創作者，你說你不曾做過和創作有關的事嗎？其實並不盡然，看看我們的手機，每當我們看見新的事物，就會習慣性拿起手機來照相，也會用影片記錄跟家人相處的有趣時光。

創作這些數位檔案的主人是誰呢？就是我們。但我們拍下的這些照片與影片，卻時常會被他人濫用而束手無策，就算對盜用者採取法律途徑，過程不但花錢還十分浪費時間。

那有沒有方法能讓我們既合法又能簡單的去證明這些數位檔案的所有權呢？有沒有一種方式能讓我們透過這些數位

檔案去賺錢呢？其實這一切都是可行的。**因為 NFT 就是這些數位檔案的保證書，為大家證明所有權、保障交易安全。**

雖然現今大眾最關心的都是 NFT 藝術作品，但在未來，小至各種保證書、大至不動產交易，NFT 將會被運用到我們日常生活中的各領域。

現今被稱作為「阿法世代」（Generation Alpha）*的小學生，早已習慣玩遊戲時，花錢買遊戲裡的道具和遊戲幣。未來，阿法世代將自己的東西「鑄造」並且「區塊鏈」化，透過「交易所」、「智能合約」交易，都將成為一件稀鬆平常的事。

如果我們現在不開始認識這些詞彙，未來的我們將可能完全無法融入話題，如同現在大家都在使用智慧型手機，我們不用再特地解釋什麼是「Wi-Fi」、什麼是「App」。

所以至少從現在起，就該慢慢去學習什麼是元宇宙、什麼是 NFT。

---

* 指 2010 年至 2025 年出生的人。

NFT 是怎麼變成錢的？

靠 NFT 賺錢的方式分成兩種：投資 NFT、製作 NFT 並販售。本書將會介紹 NFT 的種類及各種投資方式，就讓我們先從簡單的開始說起。

投資你喜歡的作品

無論是你原先就很喜歡的作品，或是你認為具有投資潛力的藝術家作品，你都能先買下作品，等到作品價值被提高後再轉賣。即便不是藝術作品，而是藝人的照片、影片，這些都一樣能成為 NFT 的投資標的。

將自己的作品製成 NFT 並販售

這種賺錢方式當然也不局限於藝術作品。NFT 泛指具「稀有性」的數位資產，因此只要是稀有的東西就可以被製成 NFT。舉例來說，無論是虛擬替身（Avatar）的衣服，或是遊戲裡的虛擬道具、武器，這些都能製作成 NFT。同理，遊戲裡的不動產一樣能透過 NFT 來交易。

但並不是所有的 NFT 都能成為資產，無論現在成交的

金額有多高，若之後沒有人願意購買的話，作品的價值便會隨之下跌。所以相較投資 NFT，希望大家能把賺錢的方式放在「製作 NFT」上。

NFT 該如何製作，又要在哪裡販售？

第 4 章將會仔細說明 NFT 該如何製作、販售及購入的方式，以下只會先簡單介紹。

大家可以在專門製作 NFT 的網站上製作，例如 Kakao 旗下的 KrafterSpace 平台。此外，一般的 NFT 交易所也能製作 NFT，只需要將資料上傳，網站或交易所的系統便會自動將上傳的檔案記錄到區塊鏈，並且製作成 NFT。

如果要販售製作好的 NFT，就必須透過交易所。交易所就是提供買家和賣家一個可交易的平台。

根據不同的交易所，有些可以使用信用卡，有些只能使用以太坊、Klaytn[*]等區塊鏈平台旗下的加密貨幣。每間交易所都有不同的交易方式，交易前都必須先確認。

---

* 韓國區塊鏈技術公司 Ground X 於 2019 年 6 月推出的區塊鏈平台，其代幣為 KLAY。

具代表性的交易所有 OpenSea、Rarible、Nifty Gateway 等，韓國則有 Upbit NFT、Klip Drops、Meta Galaxia 等*。對於剛接觸 NFT 的人，我推薦任何人都能輕易上手的 OpenSea。

本書的附錄也整理了知名交易所的特徵與交易方式，提供大家參考。

P2E 是什麼？

P2E 是 Play to Earn 的縮寫，意思是邊玩遊戲邊賺錢。大眾之所以會對 P2E 感興趣，是因為這裡賺的錢不只是遊戲裡的錢，還包含了現實世界裡的錢。

目前熟知的遊戲交易所大多是將遊戲裡的道具與遊戲幣直接換成現金，像是韓國線上道具交易網 itemBay，然而 P2E 卻不同於這些交易所。

一直以來，我們買賣遊戲道具都是透過其他公司的交易所來交易，而不是透過遊戲公司本身，但 P2E 模式能讓遊

---

* 台灣 NFT 平台有 Oursong、Lootex、Jcard、akaSwap 等。

戲公司自己經營交易所、自己進行交易。

　　當然，這並不表示我們能直接從遊戲中賺取 1,000 韓元（約新台幣 25 元）或 1 萬韓元（約新台幣 250 元）的現金，我們必須先透過遊戲賺取遊戲幣，再將遊戲幣兌換成加密貨幣，最後再把加密貨幣放到加密貨幣交易所後，才能兌換現金。

　　玩遊戲還能賺錢，無論是誰都會想把 P2E 當成副業來經營，但一不小心，就很有可能會沉迷於這種賭博般的感覺。因此韓國已經先行一步透過法規，來控制並且禁止類似 P2E 這類型的遊戲。

　　有關 P2E 的詳細說明，大家可以翻至第 5 章查看。

 ## NFT 要怎麼應用於日常生活中？

　　NFT 能應用於日常生活中的領域其實相當廣，讓我們先從名牌包開始講起。

　　現實中充斥著許多的仿冒品，有些仿冒品若沒有透過專家的鑑定是很難看出真偽，尤其是現今社會上，有許多人都習慣透過網路購買精品，更是很難當下確認真偽。從精品品

牌的角度來看，企業也需要一個能證明自己商品的方法，而二手市場裡的精品，也必須準確地讓大眾辨別出哪些是正品、哪些是仿冒品，才能藉此維持品牌在市場上的價值。

雖然也有很多品牌會將 RFID 晶片*植入精品包包，但 **NFT 的概念是將資訊放上完全無法偽造與竄改的區塊鏈上，形式上更完善，所以 NFT 才最適合作為真品的證明。**

除此之外，**NFT 也可以成為數位身分證和數位資格證**。如果把個人的所有學力證明書、經歷證明書、畢業證書等，都用 NFT 的形式放入區塊鏈錢包裡，就能避免偽造證書的相關疑慮了。

---

* 利用無線射頻標識原理，將獨一無二的數字編碼集成到可追蹤標籤內，防止偽造。

02

新手必懂的基本詞彙

本書會盡量減少使用加密貨幣領域中，艱澀難懂的「外星語」。可是大家還是必須先認識一些 NFT 的基本用語，才能理解書中的內容及新聞裡所談論的話題。因此請大家一定要記住以下詞彙：

NFT（非同質化代幣）

是一種具稀有性、獨一無二的數位資產，同時也能成為一種數位原版證書。

Drop（拍賣）

形容將 NFT 作品放上交易所並販售的行為。根據不同的交易所，被拍賣、策展的作品也會被稱之為 Drop。

Airdrop（空投）

免費發放 NFT 作品的空投模式。當 NFT 交易所開張，或是某位藝術家想要展示自己的新作品時，就會透過這種方式來免費發放他們的作品。

用這種方式獲得的作品，可以在該 NFT 交易所的市場中再次販售（但不是所有 Airdrop 的作品都能販售，只有該交易所允許的作品才能進行販售）。

Bid（競標）

也稱為 Bidding，意指用拍賣的方式販售 NFT 作品。

Transaction（交易）

這是指 NFT 交易的過程。原先是指寫著各種資訊的交易明細，例如所有權從 A 換到 B、花了多少錢進行交易等。可是這些內容對於一般人而言實在太過複雜，所以大多的 NFT 交易所只會展示出跟所有權變動相關的資訊而已。

Gas Fee（礦工費）

意指交易的手續費。必須有人運用計算能力（自己花電費、使用自己的電腦）來負責維持公鏈的網路，這又被稱為「挖礦」，所以大家可以把 Gas Fee 視為要支付給礦工的手續費（網路的使用費）。

創作 NFT、販售、購入等，都會需要用到 Gas Fee。所以當有人說 Gas Fee 免費的時候，就代表不需要手續費的意思。

Minting（鑄造）

指的是將畫作、照片等的數位檔案，做成 NFT 的過程。會使用這個單字是因為 Mint 在法定貨幣上，本身就有「鑄造」、「建造框架」的意思，所以才會沿用至此。這是一定要記住的單字，當談到 NFT 時，若能說出：「我上次才剛鑄造過。」這會使你看起來特別專業。

Smart Contract（智能合約）

智能合約不需要透過擔保人（中間人），就可以自動執行當事人間的協議內容。當你使用 NFT 進行交易時，物品的所有權便會依照合約內容自動轉交給對方，而所有的交易過程也會馬上被記錄到區塊鏈上。

Crypto-currency Wallet（加密貨幣錢包）

指保管數位資產的錢包。依照加密貨幣的不同，所使用的錢包也會不同，像是以太幣是用 MetaMask，Klaytn 是用 Kaikas 等，因此也時常發生混亂的狀況，像是在 A 交易所先登入了 MetaMask，之後若再用 Kaikas 登入的話，就會產生兩個不同的帳號。

雖然一個帳號理論上可以連結兩個不同的錢包，但有些交易所就不能這麼做（像在 OpenSea 上如果用了不同錢包，就會產生不同的帳號）。

MetaMask（小狐狸錢包）

是指用以太幣進行交易的加密貨幣錢包。因為它最著名的是有一隻狐狸模樣的商標，所以也被稱為「小狐狸錢包」。你可以從 Google Chrome 或是 Firefox 等網路瀏覽器裡的「擴充程式」下載並使用，而在 iOS 或是 Android 系統的手機上，也可以下載 MetaMask 的 App。

Kaikas

是指以 Klaytn 區塊鏈平台為主的加密貨幣錢包。

第 4 章將詳細說明如何製作 NFT。如果想製作 NFT，就必須使用 Google Chrome 網路瀏覽器，所以可以先下載安裝。

第 1 章

NFT 是有價值的資產，
不只是檔案

03

不可偽造、複製，也無法竄改

NFT 是數位原版證書

NFT 是指「非同質化代幣」，簡單來說，就是世界上獨一無二、無法用其他東西取代的意思。

現今很多人都願意花錢購買數位資產，但在從前，不會有人願意花錢購買數位化的照片、音樂跟影片等「數位檔案」，因為只要稍微搜尋一下，就能免費下載到這些檔案。由於隨手可得，所以一般人不會把這件事看作是不合法的行為。

隨著未經授權便複製的歪風越來越盛行，負責維護數位化檔案著作權的《著作權法》也跟著被補強，這才使得大眾的認知改善了許多。

　　如果你在販售照片的網站上，合法購入一張價值 3 萬韓元（約新台幣 690 元）的畫作檔案，隔天你的朋友也在同一個網站上，直接擷取同一張圖，並且向你炫耀說：「你幹麼花錢買那張圖，這跟我直接截圖有什麼差別？」無論你再怎麼憤怒，似乎也無法回嘴。

　　「我們又不是小孩了，既然想要，就要合法購入。」即便你硬是回應了對方，心底應該也還是覺得很不是滋味吧。只因為大多數人都不把「未經授權」當一回事，使得合法購入商品的人成為大眾嘲諷的對象。

　　可是只要 NFT 普及化，這一切就會改變。

　　當有人說：「你幹麼花錢買那張圖，這跟我直接截圖有什麼差別？」你可以用兩種方式來回應：

1. 「可是你沒有證明書，我手上的證明書能證明這幅畫作是專屬於我的。」同時將 NFT 的證明書給對方看。
2. 「你知道這幅畫現在值多少錢嗎？我是因為喜歡這個畫家才收藏的，要不然現在在交易所上隨便賣也能賣到 30 萬韓元（約新台幣 6,900 元）。」同時跟對方講解這幅畫作拍賣的可能性。

　　這都是因為 NFT 是數位檔案的「原版證書」，所以才能做到這件事。可是我們又能如何去證明這個作品是原版的？這就要談到 NFT 的兩種特徵了。

NFT 的兩大特徵

有獨一無二的代碼

　　NFT 中的 NF 是指「非同質化」（Non- Fungible），意即我所購買的畫作與朋友截圖的畫作，最大的差異是，我買的畫作上有代碼。

　　所有的 NFT 都有獨一無二的代碼，即便是出自同一位畫家的同一幅作品，也都有各自專屬的代碼，你只需要出示你的代碼，大眾便知道這幅作品是屬於你的，就像即使用相同方式做出來的智慧型手機，也都有各自專屬的序號一樣。

區塊鏈的分散式帳本

　　如果有人拿同一組代碼來複製你買的畫作呢？畢竟現在精品市場上，將保證書仿造得天衣無縫的案例早就屢見不

鮮。為了解決這個問題，因此有了 NFT 的 T，也就是「代幣」（Token）。

你可以把「代幣」想成是比特幣、以太幣等加密貨幣。使用比特幣或以太幣時運用到的「區塊鏈」，便能解決數位資產偽造與變造的問題。

區塊鏈的特徵是參與交易的所有人，都能拿到「分散式帳本」*。舉例來說，A 跟 B 簽訂合約，A、B 雙方都能拿到各自簽名蓋章的合約書；同理，A 跟 C 若要簽訂合約，雙方也都能拿到各自簽名蓋章的合約書。

可是當 A 的合約書被偷走，B 跟 C 便能在合約書上動手腳，當 A 不再信任與 B 跟 C 所簽訂的合約，合約便失去了可信度。

而區塊鏈是直接將一份簽訂好的合約分給所有人，這就能解決上述所發生的問題。當 A 跟 B 簽約後，A 跟 C 如果要再簽訂合約，A、B、C 三方便會拿到同一份名為「ABC」的合約；如果 D 要再加入的話，四人便會拿到同一份名為「ABCD」的合約。

---

* 區塊鏈將每筆交易紀錄都依序加密記載於數據庫（帳本）中，每個人都可以檢視，所以不會有私自竄改的情形。

　　這種所有人都拿到同一份合約的方式，即便其中一人的合約被偷走或被偽造、竄改，也能藉由其他三人的合約來證明原本那份合約的可信度（見圖表 1-1）。

　　因為 NFT 跟加密貨幣一樣都是以區塊鏈為基礎，所以用 NFT 製成的數位檔案，就不用再擔心偽造、複製與變造的問題，這也是為什麼大家都說 **NFT 是用區塊鏈做成的數位原版證書。**

圖表 1-1　區塊鏈上的交易記錄方式

現有的交易方式

由中央管理所有帳本，
進而統一各自的交易內容

區塊鏈上的方式

因為帳本被分散，所以
能維持交易內容的透明度

04

鑄造的第一步和交易

如何製作 NFT ？

如果要製作 NFT，你必須先下載 Google Chrome 瀏覽器，並且註冊一個加密貨幣錢包。接著，你只需要透過 Google Chrome 連上 NFT 交易所，並加入會員，你便能開始製作專屬於你的 NFT。

除了 NFT 交易所，還有一些專門製作 NFT 的網站，像是韓國 NFT 鑄造平台 KrafterSpace 等也可以製作 NFT[*]。

第 4 章將詳細講解製作 NFT、販售 NFT 和購入 NFT 的方式。

---

[*] 台灣目前製作 NFT 主要還是透過 NFT 交易所為主。

鑄造（Minting）

　　藝術家該如何把自己的作品製成 NFT 並販售呢？不會寫程式的一般人，很難自己架設一個區塊鏈，因此市面上誕生了許多幫忙製作 NFT 的網站，例如韓國 NFT 鑄造平台 KrafterSpace。

　　另外，大部分的 NFT 交易所只需要上傳檔案，網站便會自動幫你製作成 NFT，而韓國 NFT 交易所 MyTems 除了能幫忙製作 NFT，還提供販售 NFT 的服務。

　　像這樣把內容放上區塊鏈網絡並製成 NFT 的行為，就是「鑄造」。

礦工費（Gas Fee）

　　前文曾提過 NFT 和比特幣、以太幣一樣，都是一種數位資產。當我們透過網路和銀行交易時，銀行通常會自行吸收交易所需的網路費用，但比特幣並沒有一個中央機關負責管理（這就是所謂的「去中心化」），所以若想要完成交易，就必須有人提供自己的網路及電腦來維持全體的網路。

　　而提供網路及電腦來維持的人就稱為「礦工」，大家也會給予礦工比特幣或以太幣等加密貨幣來當作補償。

　　因為比特幣是第一代的加密貨幣，不僅交易的時間過長，挾帶的訊息量也很有限，所以便誕生了第二代加密貨幣──以太坊（本書將省略介紹有關比特幣和以太坊的詳細歷史）。

　　比特幣跟以太坊都在各自的區塊鏈網路上進行運作，大家可以把區塊鏈網路想成是高速公路，當我們經過高速公路時，就必須支付費用；同理，當我們用加密貨幣進行交易時，也必須支付使用網路的手續費，這項手續費就是「礦工費」。

　　礦工費是指支付給礦工的報酬，但就像快速列車的車資會比較高，礦工費的費用也會隨場合而有所不同。

　　如果我們選擇的 NFT 交易所是使用以太坊網路，就必須支付以太幣及手續費；如果選擇的是 Klaytn 網路，就必須支付 KLAY 幣跟手續費。

　　天下沒有白吃的午餐，當你鑄造作品、販售作品、購買作品時，都會產生費用（礦工費）。

鑄造手續費

首先會產生的費用是在製作 NFT 時，產生的「鑄造手續費」。如果你要在 NFT 交易所支付鑄造手續費的話，就一定會使用到加密貨幣，你可以在加密貨幣交易所買到加密貨幣，而鑄造手續費通常是介於 60 ～ 100 美元。

可是在我們都還不確定能否順利出售的情況下，就必須先支付高額的手續費，這實在讓人不敢貿然製作 NFT。因此大部分的 NFT 交易所都會採取一些減免手續費的方案，例如：加入會員後的第一個鑄造作品不收費、一天中限定次數內所鑄造的作品不收費。根據不同的 NFT 交易所，方案也不同，有些甚至完全不收鑄造的手續費。

交易手續費

其次會產生的費用，是進行交易時的「交易手續費」。就像我們匯款時，會需要繳納匯款手續費一樣，當有人購買我製作的 NFT 時，就代表我將擁有的 NFT，交易給了其他人，因此需要繳納交易手續費。

通常交易時都是由買方支付手續費，根據不同的 NFT 交易所，交易手續費也有所不同，但大致上都是交易金額

的 2.5％～ 3％。雖然 3％手續費乍看之下好像很貴，但其實 App Store 和一般畫廊常常都會抽成 10％～ 30％，相較之下，3％交易手續費似乎不算什麼。

追加手續費

最後會產生的費用是「追加手續費」。你可以把它看作是版稅，**當你販售自己的作品時，除了靠賣給買家獲利，同時也有另一種獲利方式，就是買家再將你的作品轉手賣出，而這種情形你就可以收到追加手續費。**

要不要收追加手續費，是 NFT 的創作者可以自行設定的。當發生轉賣的情況時，追加手續費就是給原創作者的版權使用費（版稅），這筆費用能成為創作者持續的收入來源，這也是最吸引人的地方。

如果追加手續費（版稅）設定為 3％的話，當作品以 100 以太幣轉手賣出時，其中 3 以太幣會給交易所、3 以太幣會給原創作者，剩下的 94 以太幣才是轉賣者的收入。

05

連接元宇宙和現實世界的重要角色

發行 NFT 究竟有什麼優點？讓我來舉例給大家聽。

清楚顯示所有權

　　圖表 1-2 是 NFT 交易所 OpenSea 上販售的畫作，價格大約是 161 美元，大家覺得這張畫如何？看到這幅作品有被感動到嗎？還是覺得「這憑什麼賣到 161 美元，我小孩畫的都比這張好」？

　　即便覺得這張畫不怎麼樣也沒關係，因為這是我自己的作品，曾在之前的著作《元宇宙，已經展開的未來》（메타버스 , 이미 시작된 미래）一書中介紹過。

圖表 1-2　本書作者的 NFT 畫作

　　我們先假設，如果這張畫出現在國內知名的百貨公司裡，偶然得知這消息的我，可以打電話去問百貨公司的負責人說：「請問這張畫是在哪裡購買的？我可以看一下你們的 NFT 交易明細嗎？」甚至我也可以不用去問，直接看 NFT 交易代碼就能知道這幅畫現在的主人是誰了。

　　如果百貨公司不願意告訴我 NFT 持有者的帳號，我也能以我是這幅畫的作者，去跟百貨公司索取使用費，甚至直接要求對方撤下這幅畫。

　　而我之所以能做到這些事，就是因為**每個 NFT 都有專屬的代碼**。

　　如果我想知道我的畫作目前狀況，我也可以上NFT交
易所去看我的交易明細，明細裡面會詳細記錄我上傳的作品
現在是由誰又賣給了誰。

　　仔細看圖表1-3的明細就能發現，我的這幅作品是以
10 KLAY的價格賣給了A88DCD，而A88DCD現在則將價
格設為100 KLAY準備出售。

圖表 1-3　在 NFT 的作品中，能看見交易明細

	Item Activity				⌃
Filter					⌄
Event	Price	From	To	Date	
🏷 List	⬙ 100	A88DCD		a month ago	
✴ Cancel	⬙ 1,000	A88DCD		a month ago	
🏷 List	⬙ 1,000	A88DCD		2 months ago	
🛒 Sale	⬙ 10	7B6298	A88DCD	2 months ago ↗	
⇄ Transfer		7B6298	A88DCD	2 months ago ↗	

資料來源：OpenSea

　　這就是發行NFT的意義，**NFT能為數位化世界裡的眾
多作品，標示出它們真正的主人是誰**（見圖表1-4）。

　　今後元宇宙將會發展得更快速，而我們從各平台上購
買的數位資產只會有增無減，如果有個方式能讓我們主張

數位資產所有權，便能擺脫複製、偽造、變造等問題。

受惠的不僅只有創作者，對購買者而言，也能更安心地購買數位資產。這也是為什麼 NFT 作為一項數位資產，卻可以在連接元宇宙和現實世界的角色中占有一席之地的原因。

圖表 1-4　所有權人的變動明細也一清二楚

資料來源：OpenSea

06

必須正視與防範的風險

NFT 最大的優點，是能成為既無法替代又無法偽造的「原版證書」。然而看似無懈可擊的 NFT，其實有個相當大的缺點，那就是「原本資料被盜」及「遺失」的風險。雖然隨著科技進步，這些缺點都將被補足，但此時的我們還是必須了解這些風險是出自哪裡。

鏈上與鏈下資料

了解 NFT 的風險前，大家必須先知道什麼是鏈上（On Chain）跟鏈下（Off Chain）。這裡的「鏈」指的是區塊鏈，如同前文提到的，NFT 存在於區塊鏈上，所以鏈上便

是指在區塊鏈上進行的活動，而鏈下則是指在區塊鏈以外的地方進行的活動。

　　那為什麼要特地區分鏈上跟鏈下呢？以寄掛號包裹為例，如果只是寄幾張文件，因為重量很輕所以郵資不會太貴，可是寄的物品如果變成書或礦泉水呢？隨著體積變大、重量變重，郵資自然也會跟著變貴，更別說如果是寄鋼琴或電視機，勢必要用到更大台的物流車、花費更多錢。

　　NFT 也是同樣道理，雖然影片、照片、音樂等數位檔案都可以製成 NFT，但若要將這些檔案全都塞進 NFT 的代碼裡，容量就會變多，連帶使傳送速度變慢，進而導致整個網路超載，最後要付的網路費用，也就是 Gas Fee 就會增加。大家可以理解成高速公路上車流量越多，收費站所收的錢就會越多。

　　通常只會將 NFT 裡最重要的資料放到區塊鏈，剩下的資料則會放在區塊鏈以外的伺服器裡。其中，**重要的資料又稱為「後設資料」，把後設資料放進區塊鏈裡，就是「上鏈」；把容量較大的照片與影片放在區塊鏈外，就是「下鏈」。**

　　而問題就出在這，只把後設資料放上區塊鏈，但真正的內容卻被放在外部的伺服器，如果有一天交易所破產，或伺服器被駭客入侵發生問題時，NFT 的擁有者便會失去真正

的作品，徒留一份沒有內容的後設資料。 如同當我們把照片上傳到部落格時，每張照片都有它們專屬的網址，只要不小心打錯一個字，就有可能會更改到存放照片的資料夾。如果誤刪資料夾、遭到駭客入侵的話，我們上傳的照片就有可能會永遠消失。

網路上的照片及檔案，都有它們專屬的網址，如圖表 1-5 的網址為 https://secondbrainlab.files.wordpress.com/2022/01/img_be0c59dba684-1.jpeg?w=796，如果打錯網址，就會找不到這張圖。

圖表 1-5　網路上的檔案，都有專屬的網址

資料來源：新韓 pLay

防止資料被盜及遺失的方法

如果 NFT 也發生這種情形的話，那會怎麼樣呢？雖然 NFT 仍舊存在，但實際上的資料（照片、影片等）卻早已消失，那麼 NFT 的信賴度也會跟著蕩然無存。

因此眾多的 NFT 交易所並不會將連結 NFT 的資料夾儲存在同一個伺服器裡，而是會採取分散式雲端的方式。如果把檔案分散至好幾個地方儲存，就算被駭客入侵也將變得不再有殺傷力。

NFT 交易所 OpenSea 在 2021 年 6 月宣布，他們將會把 NFT 透過「星際檔案系統」（InterPlanetary File System, IPFS）跟「文件幣」將內容儲存在文件幣的區塊鏈上。這裡又出現了比較陌生的詞彙，就讓我們來好好認識一下吧。

「星際檔案系統」意思是去中心化分散型的協定。解釋得更詳細一點，就是指不再受限於中央伺服器，而是利用所有伺服器的一種雲端運算。前文曾提過，為了要給參與區塊鏈的人們一些回報，所以有了比特幣；同樣地，星際檔案系統為了要給參與雲端運算的人們一些回報，於是出現了「文件幣」。如同比特幣的目標是要去中心化，星際檔案系統的最大目標也是為了要去中心化。

　　雖然不是所有交易所都使用星際檔案系統，NFT 也一定還有其他的缺點，但大家要知道，現在有許多人都在設法彌補鏈上的缺點。所以大家如果想要進行 NFT 交易，就必須更加關注技術層面的問題，同時我也建議大家最好在更安全的交易所裡進行交易。

07

從乏人問津到眾所矚目的
三大原因

　　NFT 最初是在 2015 年跟著以太坊一起出現的。當時為了要更加活用 NFT，考慮過多種方案，像是推出《謎戀貓》這款以蒐集獨一無二貓咪的遊戲來打響知名度，可惜最終無果。

　　然而，讓 NFT 正式進入大眾眼簾的契機是 2021 年，《柯林斯詞典》將 NFT 選為「年度詞彙」；甚至韓國 2021 年股價上升最多的 10 大企業中，就有 7 家跟 NFT 有關。

　　NFT 是如何再次吸引大眾目光的呢？這裡就不得不提到三項理由：元宇宙、投資及「FOMO」*。

---

* Fear Of Missing Out，指「害怕錯過」。

元宇宙崛起，虛實互通

2021 年初開始，「元宇宙」這個詞頓時抓住了全球的目光。各大跨國企業如輝達（NVIDIA）、微軟（Microsoft）跟臉書（Meta）都紛紛談到元宇宙的可能性，韓國也出現了像 ZEPETO、ifland 等多樣化的元宇宙服務。

雖然有些人仍抱持「現在談論還太早」、「要實踐元宇宙還很遙遠」的想法，然而在多元化的元宇宙服務中，虛擬替身的服飾、遊戲道具、虛擬不動產等數位資產的交易，早已十分熱絡。

然而，如果我好不容易下定決心買了當天限定的虛擬替身服飾，隔天商家卻仍舊販售同樣一件服飾，那麼我之後就可能不會再買了；如果我買了一位知名畫家的畫作並且裝飾在我元宇宙的家中，結果隔天卻被駭客入侵，使得作品被偷走，並且被免費散播了好幾百張，那麼之後在元宇宙裡，將不會再有人拿這幅畫進行交易。

前述兩個例子說明了，在元宇宙裡若想要成功進行資產交易，就必須讓大眾對那個物品產生信賴感。**NFT 之所以會受到大眾的關注，就是因為它能成為元宇宙中數位資產的原版證書，正是因為 NFT 擁有能安全連接元宇宙及現實世**

界的特徵，才使 NFT 開始吸引到了全球的目光。

📺 投資商機，讓人趨之若鶩

NFT 會受到矚目的最大原因莫過於「投資」，講白一點就是因為 NFT 牽涉到「錢」。

2021 年，基本上每天都能看見 NFT 的相關報導，像是將看起來沒什麼價值的數位畫作鑄造成 NFT 後，馬上就能賣出好幾億韓元；即便是第一次將自己的作品做成 NFT 的藝術家，也能以高達好幾千萬韓元的價格售出，光聽這些內容就足以吸引到許多人的關注。

有時甚至會聽到 NFT 就算轉賣也不會虧本，只要透過 NFT 市場轉賣，就有機會賺取到 300％ 以上的收益，也難怪大眾聽到「投資 NFT」，都會產生極高的興趣。

📺 害怕自己沒跟上的錯失恐懼症

FOMO 是 Fear Of Missing Out 的縮寫，指「害怕錯過」。

2020 年初，當所有人都因為新冠肺炎疫情而低迷時，選擇大膽投入股市的投資人都獲得了高額的收益，但也有些人仍然選擇觀望，然而每當朋友聚在一起聊股市時，仍在觀望的人就彷彿被所有人排擠在外。

其實當比特幣聲量最高的時候，也發生過同樣的情形。每當大家聽見早期入手比特幣的人，現在已經成為億萬富翁的新聞時，總會有種「為什麼我當時沒有買？」既後悔又覺得被排擠在外的心情，而那種心情正是所謂的 FOMO。

那麼，既股市和比特幣後的 NFT 呢？可能大家還搞不清楚 NFT 究竟是什麼，只知道每當有人談到 NFT 時，就會跟著提起「元宇宙」，也聽聞已經有很多人靠 NFT 跟元宇宙開始獲利了，這時就會產生害怕錯過的心態，彷彿自己再猶豫下去，就會錯失一個好機會。

從投資角度來看，繼比特幣和股市後，大家一定不會想再次錯過致富的機會；從創作者跟企業的角度來看，肯定也不想錯過拓展事業版圖的機會。

當眾人聽聞早已跟上這波潮流的藝術家和大公司，已經在這個領域做得有聲有色時，一定不會有人想要再次被排除在外。

第 2 章

NFT 的開始與未來

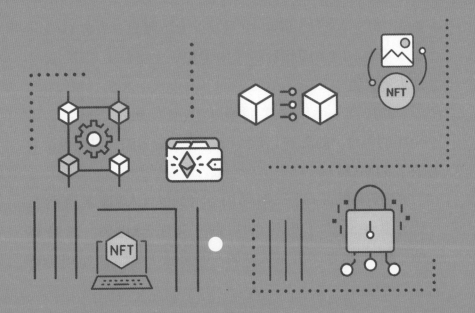

08

NFT 的誕生與興衰

首批問世的 NFT —— CryptoPunks

其實，NFT 並非是近期才突然出現，以太坊首次亮相是在 2015 年 7 月，同年 10 月，以太坊開發者大會 Devcon 首次提到 NFT，因此就算將 NFT 和以太坊視為同時間誕生的也不為過。

2017 年 6 月，軟體開發工作室「Larva Labs」運用 NFT 的概念，創造了 1 萬個 CryptoPunks NFT，其中免費發放了 9,000 個。

CryptoPunks 是一系列由 24×24 大小的像素畫所組成，其中包含了男性 6,039 個、女性 3,840 個、喪屍 88 個、猿人 24 個、外星人 9 個，而且這 1 萬個 CryptoPunks

都不相同，沒有一個是長一樣的（見圖表 2-1）。

圖表 2-1　1 萬個 CryptoPunks 各自擁有不同的樣貌

資料來源：Larva Lab（https://www.larvalabs.com/cryptopunks）

　　雖然這作品初期乏人問津，但隨著 NFT 越來越熱門，CryptoPunks 也憑藉「稀有」跟「限量」兩大特點越賣越高價。

　　2021 年 6 月，限量 9 個中的其中一個外星人「Covid Alien」以 1,170 萬美元成交，甚至就連金融服務公司 VISA 都以 16 萬 5,000 美元購入一個 CryptoPunks。

　　相信隨著大眾逐漸注意到 NFT 電子商務市場，CryptoPunks 的價值一定也會更加提升。

邊玩邊收藏又能轉賣的貓咪遊戲

2017 年，區塊鏈新創公司 Dapper Labs 以貓咪為素材，發行了一款名為《謎戀貓》（*CryptoKitties*）的遊戲，同時《謎戀貓》也是一款以以太坊作為基礎的 NFT 貓咪養成遊戲。

CryptoPunks 跟《謎戀貓》不同的地方在於，前者只是收藏品，而後者是能邊玩邊收藏的遊戲。《謎戀貓》這款遊戲能夠透過跟不同的貓進行繁殖，來改變貓咪眼睛的顏色、下巴的顏色、耳朵的形狀、嘴巴的形狀等，藉此創造出屬於自己獨一無二的貓咪（見圖表 2-2）。

圖表 2-2　《謎戀貓》官網內有各式貓咪目錄

資料來源：CryptoKitties（http://www.cryptokitties.co）

　　大家可以購買新貓咪，與自己原有的貓咪進行繁殖；也可以到繁殖市場，找其他人的貓咪進行繁殖。如果想要成功繁殖的話，母貓的主人就必須去找一隻新的公貓，而公貓的主人則可以收到繁殖費用當作報酬。透過不斷地蒐集、繁殖，就能獲得更獨特的貓咪，貓咪越獨特就能以越高的價錢賣給其他人。

　　大家可能會覺得這款遊戲就只是在蒐集、繁殖貓咪而已，到底哪裡有趣了？大家又為什麼會如此關注這款遊戲呢？接下來就讓我來講述這款遊戲會成功的三大原因。

讓一隻遊戲貓暴紅的三大原因

使以太幣派上了用場

　　持有以太幣雖然有可能因為價格上漲而獲利，但除此之外，無論是在網路或是現實中，以太幣都很難作為一般貨幣直接使用。其實比特幣也面臨到同樣的情況，但如果此刻將比特幣換成現金拿去買杯咖啡或披薩的話，等之後比特幣價格上漲，我們就只剩下滿滿的後悔了。

可是隨著《謎戀貓》的上市，人們可以拿以太幣來換稀有的虛擬物品。用加密貨幣買來的披薩，吃完後就什麼都不剩，但《謎戀貓》經過繁殖後誕生的稀有品種，可以透過轉賣再次換成以太幣，這就是為什麼大眾會對《謎戀貓》產生如此大的興趣（其實這也跟用以太幣買各式各樣的 NFT 是一樣的道理）。

激起人們蒐集的欲望

一旦蒐集到稀有的貓咪，就能成為人們拿來炫耀的最佳話題，且當你開始蒐集，就會希望自己蒐集到的貓咪最特別，同時無形中也會激起想蒐集更多的欲望。

成為投資手段

其實「投資」是《謎戀貓》之所以會成功的最大因素。因為《謎戀貓》是一款很早就採用現今所謂「邊玩邊賺」（Play to Earn, P2E）*模式的遊戲。只要買一隻貓咪並繁衍出稀有品種，玩家就能透過出售稀有貓咪來賺取以太幣。

---

* 指在遊戲裡透過勞動（像是挖礦、解任務）來賺取現實世界的錢。

在此之前，我們獲得以太幣的方式就只有兩種：挖礦或去加密貨幣交易所購買。可是《謎戀貓》可以養成虛擬貓咪後再賣出換取以太幣，如同用以太幣賺取以太幣，但獲利多寡取決於繁殖出的貓咪稀有度，有點類似加密貨幣版抽卡遊戲。

因為以上這些原因，才使得《謎戀貓》在上市後不到一個月就賣出超過八萬份的好成績，而在巔峰時期使用者數也一度突破六萬名。

人氣下滑的兩大原因

2017 年 12 月，《謎戀貓》中的「Genesis Kitty」以 247 以太幣（約新台幣 2,100 萬元）的價格售出；2018 年「Dragon Kitty」更以 600 以太幣（約新台幣 5,000 萬元）的價格售出。

然而前景看似一片光明的《謎戀貓》卻漸漸被人們給遺忘，一直到 2021 年 NFT 受到大眾關注後，才讓大家再度想起這一款遊戲的存在。而《謎戀貓》之所以會沒落是由於兩個原因：

玩越久花越多錢

　　《謎戀貓》是透過公鏈來運作的，意指沒有任何中央機關能插手公鏈的運作，而遊戲公司為了要使用以太坊的公鏈，就必須支付開發費及維持伺服器等的礦工費。因此想要玩《謎戀貓》的玩家，就必須一起分擔昂貴的礦工費。

　　另外，如果想要玩這款遊戲，必須先花錢買一隻虛擬貓咪。依照 2021 年 11 月的售價來看，買一隻虛擬貓咪至少須花上 0.005 以太幣（約新台幣 420 元），這價錢值不值得因人而異，但在你還不知道能不能順利轉手的情況下，就得先花一筆錢買虛擬貓咪，實在讓人有點難以下手。

　　甚至你如果想要販售虛擬貓咪的話，還必須上架拍賣平台，但平台的手續費卻比買一隻虛擬貓咪更高。購買一隻虛擬貓咪只要花 0.005 以太幣，然而販售虛擬貓咪的手續費卻高達 0.01 以太幣（約新台幣 840 元），要繳出的手續費比實際賺的錢還多，這也讓許多人望而卻步（見圖表 2-3）。

　　此外，要與其他人的貓繁殖出新的貓咪必須花 0.08 以太幣（約新台幣 6,720 元），若要讓自己的兩隻貓咪互相繁殖，至少也要花 0.1 以太幣（約新台幣 8,400 元）。

圖表 2-3 《謎戀貓》目前所販售的貓咪

資料來源：CryptoKitties（http://www.cryptokitties.co）

　　明明是為了賺錢才養這些虛擬貓咪，可是玩得越久反而花得錢越多。從這點來看，大眾會漸漸喪失對這款遊戲的興趣也是在所難免。

遊戲本身不夠有趣

　　這款遊戲主要是繁殖貓咪以獲得更稀有的貓咪，沒有其他遊戲活動，縱使現在新增了讓貓咪互相決鬥的新賣點，但已經出走的玩家是很難再次被挽回的。

　　由此可知，「昂貴的手續費」跟「遊戲的有趣程度」，將會是未來 NFT 遊戲與交易所，必須思考的重點。

09

數位藝術品水漲船高，
激起收藏風潮

　　被視為 NFT 邁向大眾化起點的《謎戀貓》，在留下了
許多遺憾後淡出舞台，NFT 也被眾人遺忘。直到 2021 年，
NFT 才再次受到大眾矚目，而這次的 NFT 將會在歷史上留
下一個劃時代的印記。

NFT 畫作拍賣價格屢創新高

　　2021 年 3 月 11 日，美國數位藝術家 Beeple 的馬賽
克作品《每天：最初的 5,000 天》（*Everydays: The First
5,000 Days*）在紐約佳士得（Christie's）拍賣上，以 6,934

萬美元的價格成交。

這幅數位藝術作品總共使用了 5,000 張 300Mb 大小的 JPG 檔案，最後再透過馬賽克的形式拼湊成一幅作品，這同時也是 NFT 藝術中成交金額最高的作品。

Beeple 的第一張作品上傳於 2007 年 5 月 1 日，往後的 5,000 天，他每天都會上傳他的作品，正因為這幅作品涵蓋了 14 年的紀錄，因此它的價值不言而喻。可是卻沒人能猜到，5,000 張的數位檔案居然能賣到 6,934 萬美元的天價。

其實 Beeple 是主修計算機工程的網頁設計師，因此他早期的手繪畫作不受市場大眾的青睞，可是在一天天的累積下，他漸漸可以開始創作出令人讚嘆的數位藝術作品。（見圖表 2-4）

經過了 5,000 天的努力後，他成為了既美國藝術家傑夫・昆斯（Jeff Koons）的《兔子》（*Rabbit*）、英國畫家大衛・霍克尼（David Hockney）的《藝術家肖像》（*Portrait of an Artist*）後，作品拍賣金額最高的藝術家。

2021 年 3 月，加拿大歌手格萊姆斯（Grimes）所推出的 NFT 系列作品《戰爭女神》（*War Nymph*），開賣不到 20 分鐘，就以 65 億韓元（約新台幣 1 億 6,250 萬元）成交（見圖表 2-5）；推特（Twitter）創辦人之一的傑克・多西

圖表 2-4　Beeple 早期的作品（左圖）及《每天》（右圖）

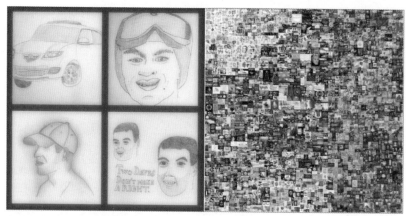

資料來源：紐約佳士得拍賣

圖表 2-5　格萊姆斯的《戰爭女神》NFT 作品

資料來源：Nifty Gateway

（Jack Dorsey）靠著只有一行字的推文，就拍賣出 33 億韓元（約新台幣 8,250 萬元）；花了 9 萬 5,000 美元購入英國匿名塗鴉藝術家班克西（Banksy）作品《傻瓜》（*Morons*）的人，將那幅作品做成 NFT 後，便將原始畫作焚毀，接著以 228.69 以太幣（約新台幣 1,900 萬元）的價格售出那份 NFT 作品。

2021 年 3 月，韓國當代藝術家 Mari Kim 的作品《消失與尋獲》（*Missing and Found*），成功以 288 以太幣（約新台幣 2,400 萬元）的價格拍賣出去，可說是為 NFT 韓國藝術品的交易寫下成功的開端。

緊接著同年 8 月，韓國 Kakao 公司旗下的 NFT 交易所 Klip Drops 只花了 27 分鐘，就將韓國藝術家 Mr.Misang 的 999 件作品賣光；同年 12 月韓國加密貨幣交易所 Dunamu 旗下的 NFT 交易所 Upbit NFT 不到一天，就完售韓國山水畫家柳在春的作品《月河 2021》NFT 版（見圖表 2-6）。

光是 2021 這一年，就有許多 NFT 作品備受矚目且接連以驚人的高價售出，也難怪有許多人都在議論這些交易金額究竟是正常的，還是只是曇花一現。

但先讓我們把這個議題拋在腦後，因為此刻最重要的是 **NFT 市場儼然已經成為眾人願意投入大筆資金的地方**，

圖表 2-6 柳在春的《月河 2021》

資料來源：Upbit NFT

隨著投入的金額越來越高，眾人也越來越關注。「NFT 藝術」成為 2021 年讓 NFT 大幅成長的關鍵原因。

業餘藝術家也能以高價成交

除了 NFT 藝術漸受大眾關注，使 NFT 大幅成長的另一個原因就是，一般業餘藝術家所創作的作品，一樣能以高價成交。2021 年 7 月，住在倫敦的 12 歲少年艾哈·邁德（Benyamin Ahmed）以大約四十萬美元的價格，賣出了自己的 NFT 畫作。這位少年所創作的作品是《怪異鯨魚》

（*Weird Whales*），總共創作出 3,350 隻以 8 位元像素做成的鯨魚，每一隻鯨魚都有自己的特色，沒有一隻鯨魚是重複的（見圖表 2-7）。

然而無論是誰，應該都無法輕易認同這幅作品的價值居然高達 40 萬美元（換算下來，等於一隻鯨魚就要價 110 美元）。Beeple 或格萊姆斯的作品，一看上去就是專業藝術家創作出來的作品，而《怪異鯨魚》相較之下，就像是一般人都能隨手畫出來的作品。

圖表 2-7 《怪異鯨魚》上傳到 NFT 交易所後，不到一天就賣光

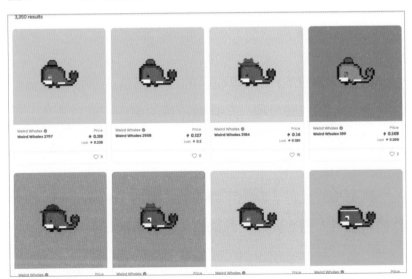

資料來源：OpenSea

韓國也有一名 15 歲的國中生,將自己的作品上傳到 OpenSea 後,便賺到了 1,000 萬韓元(約新台幣 25 萬元)。

2021 年 12 月,印尼的一名男大學生 Ghozali 將自己這 5 年來的 933 張自拍照上傳到 OpenSea 販售,並且以 100 萬美元的鉅額成功售出。我相信,無論是誰都很難相信只是將自己的自拍照做成 NFT,居然能賺到如此大筆的收入。

隨著越來越多業餘藝術家的成功案例,一般大眾對於 NFT 的關心也大幅增加。

激起收藏欲望的稀有性和迷因

最後一個使 NFT 大幅成長的關鍵就是大眾對於收藏品的興趣。人們只要發現一些比較奇特的東西,就會產生一種想要蒐集的欲望,而大部分的收藏品都有一個共通點 —— 稀有性。

具有獨特性但一點也不稀有的「迷因」(meme)*卻意外地刺激了人們想要收藏的欲望(包含短影音)。

---

* 通常指廣泛流傳、被模仿再製的有趣內容。

　　2021 年 6 月，促使「狗狗幣」（Dogecoin）誕生的迷因「多吉」（Doge）以 1,696.9 以太幣（約新台幣 1 億 4,300 萬元）的價格售出；同年 9 月「斜瞪的克羅伊」（Side Eyeing Chloe）迷因以 7 萬 8,600 美元的價格成交。

　　「斜瞪的克羅伊」是支相當隨意的家庭影片，當時爸爸正對著兩個女兒說：「我們去迪士尼吧！」話一說完姊姊馬上就激動得落淚，可是在一旁的妹妹卻露出了一個不能理解的表情（見圖表 2-8）。

圖表 2-8　掀起熱議的迷因圖，被製成 NFT 後，以高價賣出

資料來源：Lily&Chloe YouTube

　　隨著這支影片在 YouTube 上突破了 2,000 萬的觀看次數，妹妹的表情也被廣泛地當作迷因使用，因此嗅到商機的網友便將這個迷因圖做成 NFT 販售。

　　而運動明星的球員卡同樣也是大眾熱愛的收藏品之

一，其中最具代表性的莫過於 NBA 球員卡交易所 NBA Top Shot。NBA Top Shot 擷取 NBA 選手的比賽畫面，做成了雖短暫卻十分精采的 NFT 影片進行販售。

其中 NBA 球星雷霸龍·詹姆斯（LeBron James）灌籃畫面的球員卡就以 21 萬 9,000 美元成交（見圖表 2-9）。

圖表 2-9　詹姆斯灌籃畫面的球員卡被做成了 NFT

資料來源：NBA Top Shot

因此只要具有稀有性，無論是我們小時候曾經收藏過的寶可夢卡牌、遊戲王卡，甚至就連明星的小卡這些全都可以製成 NFT。

10

未來指日可待的 NFT 運用

如果要用一個詞來定義 NFT 的未來，那就是「可能性」。能證明數位化物品真正的所有權是誰，基本上就代表了我們能把數位世界裡的一切都轉換成錢。

而在無數的 NFT 作品中，我們可以劃分成四大種類來探討：藝術、收藏品、遊戲裡的資產、日常生活的運用。

藝術

NFT 藝術是數位藝術家致力投入的領域，就連一些業餘的藝術家也跟著加入 NFT 藝術的行列中。然而即便 NFT 藝術的名聲越來越響亮，仍然有許多藝術家還沒進到這個

領域。

　　對數位畫作本來就很上手的數位藝術家，當然可以很輕鬆地就跨足到 NFT 藝術的領域，可是對於習慣以非數位化方式作畫的藝術家來說，要改變他們對於新領域的認知還是有一定的難度。

　　當然，並不是每一位畫家都必須跨到數位化的領域，且若所有的畫家都跨足到數位畫作上，反而會造成實體畫作的價格飆高也說不定。

　　可是從另一個角度來看，對數位藝術家而言，這是個能使他們大展身手的地方。只要將自己的作品製成 NFT，不僅能向國內外市場證明自己的價值，甚至能獲得不錯的收入，這也使得數位藝術家紛紛跨足這個新領域。

　　像美國的數位藝術家 Beeple，他花了 5,000 天的時間連續做出了 5,000 幅的作品，在忍受了長達 14 年無盡的痛苦後，才讓他總算遇見了 NFT 這個機會，得以將自己的作品以天價售出。

　　而現在正是把握機會的最好時刻，因為當越來越多人上傳自己的作品到 NFT 交易所上，這個機會就只會越變越少而已。

收藏品

　　第二個要討論的是收藏品，也被稱作「收藏市場」（Collectibles market），這裡指的是一些有價值並且被做成 NFT 的物品。

　　其實不管是運動明星或藝人，只要是大眾所熟知的人物，就能將他們有關的事物做成 NFT。像是專門交易 NBA 明星球員卡的 NBA Top Shot，還有專門在交易足球選手球員卡的足球遊戲平台 Sorare。在韓國，也有專門在交易職棒斗山熊隊選手球員卡的交易所 DooVerse。

　　另外，歌手其實也能將自己的歌曲給做成 NFT 進行販售，像是韓國國樂樂團 Leenalchi、韓國男歌手崔東昱、韓國饒舌歌手 Paloalto、韓國男歌手 Naul 等。

　　此外，只要是世界上獨一無二的作品就能製成 NFT。像是韓國著名獨立運動家白凡金九寫給韓國《嶺南日報》的毛筆字跡也能製成 NFT；韓國世宗大王創制的《訓民正音》同樣也能製成 100 個 NFT 來進行交易。

　　同時，也有許多被賦予價值的作品正在被製成 NFT，像是原本在 IT 領域工作的畫家 LAYLAY，因為深陷 NFT 的魅力，於是在 2021 年 4 月將自己的作品《小英雄》

（*MINOR HEROES*）上傳到 NFT 交易所 OpenSea，結果 36
幅作品全數售罄（見圖表 2-10），之後，在韓國 NFT 交易
所 Klip Drops 上傳的《升天》（*ASCENSION*）414 個特別
版作品，也同樣全數完售。

　　另外，有些以 NFT 為核心所建立的社群也被歸類在
「收藏品」，像是 CryptoPunks 會將購買他們限量 NFT 的
買家加入一個私密的社群中。其中最具代表性的社群有
BAYC*跟 韓 國 的 META KONGZ、Zipcy's Supernormal、
KLAY APE CLUB 等。

圖表 2-10　LAYLAY 的《小英雄》

資料來源：OpenSea

---

* 「無聊猿遊艇俱樂部」（Bored Ape Yacht Club），NFT 最受歡迎的品牌之一。

遊戲裡的資產

第三個要討論到的就是遊戲裡的資產。無論是遊戲裡的衣服、刀劍、盾牌等道具，又或者是元宇宙裡的虛擬不動產，甚至就連 P2E 也被歸類在這個範疇裡。像這樣透過 NFT 所製成的遊戲道具，除了可以在 NFT 交易所裡進行交易，也能在遊戲公司獨立的 NFT 市場裡進行交易（見圖表 2-11）。

圖表 2-11　OpenSea 上可以販售製成 NFT 的遊戲道具

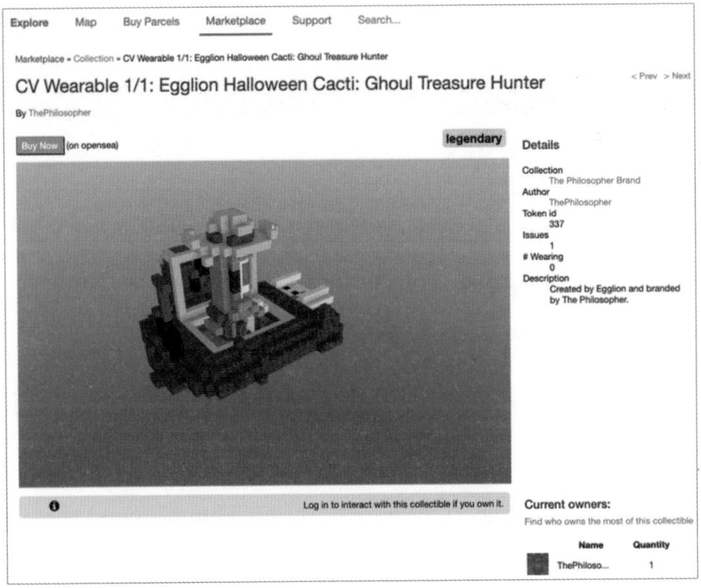

資料來源：Cryptovoxels

去中心化遊戲平台 The Sandbox 免費提供能製作道具的編輯工具「VoxEdit」，雖然目前 The Sandbox 只讓他們認可的藝術家進行販售，但他們的目標是讓所有人都能販售自己製作的 NFT 道具（見圖表 2-12）。

圖表 2-12　The Sandbox 提供的編輯工具「VoxEdit」

資料來源：The Sandbox

而像多人線上遊戲平台《機器磚塊》（*Roblox*）跟元宇宙遊戲平台 ZEPETO，即便不是製成 NFT，也能在遊戲裡替自己的虛擬替身製作衣服並且販售。

如果能把這些遊戲裡的道具都製成 NFT 的話，無論是誰都能輕易製作出「限量版道具」並且販售，進而打開一個全新的市場（見圖表 2-13）。

圖表 2-13 《機器磚塊》上販售的松鼠 T 恤

資料來源:《機器磚塊》

日常生活的運用

　　最後一個要談論的主題是 NFT 是如何運用於日常生活中。經歷過很難理解、彷彿有著「專屬聯盟」的 NFT 藝術及 NFT 收藏品後,接下來登場的就是能使用於我們日常生活中的 NFT。

　　舉例來說,如果參加完一場講座,我們可以透過製作成 NFT 的認證書來證明我們曾經參加過,而學生也能透過 NFT 認證書,來證明自己實習過的工作經歷。

　　正因為認證書變成了無法被偽造、變造的確切證據,因

此畢業證書、在職證明書、經歷證明書等證書，將會變成他人再也無法質疑的文件。像是位於韓國牙山市的湖西大學在 2022 年 2 月，就透過 NFT 來發放學位證書給每一位畢業生。

如果把能證明自己身分的會員卡也做成 NFT，那麼今後就不再需要如此冗長的身分認證了。

在精品領域，商品的保證書也能做成 NFT。用紙張製成的保證書不僅很容易就被偽造、變造，還很可能會弄丟，但如果將保證書做成 NFT，買家就可以很明確地知道自己買到的商品是正品，降低買到假貨的風險。從這方面來看，世界知名的精品品牌跨足 NFT 領域只是早晚的事（關於這方面更詳盡的解說，將會在後文談到）。

除了大眾十分熟悉的 NFT 藝術型態和區塊鏈領域，NFT 正以一個可以直接運用於日常生活中的形式靠近我們。

第 3 章

NFT 交易的基本結構

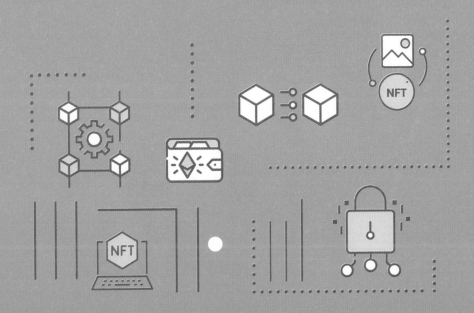

11

NFT 交易的四大元素

NFT 交易可以細分為四大元素：1. 內容（販售的東西）；2. 收藏家（買家）；3. 創作者（賣家）；4. 交易所（NFT 市場）（見圖表 3-1）。

圖表 3-1　NFT 交易的四大元素

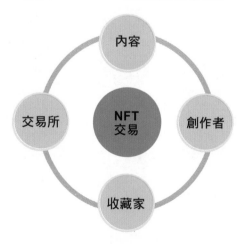

內容：數位化的畫作、照片、音樂⋯⋯

內容指的是被製成 NFT 的作品，詳細的類別依據不同的交易所會有些許差異，但大致上可以分成三大類：藝術、收藏品、道具。

可以被製成 NFT 的項目包含畫作、照片、音樂檔案、影片、遊戲道具等，只要是可以被數位化的物品就可以製成 NFT，例如將真跡藝術品用相機拍下後，再轉換成數位檔案，就可以製成 NFT。

收藏家：透過現金或加密貨幣購買的買家

收藏家（買家）指的是透過現金或加密貨幣，購買創作者（賣家）作品的人。縱使市場充滿再多的創作者，但只要沒有購買他們作品的人，這個市場就無法繼續維持。

收藏家有可能是已經透過比特幣致富的人，也有可能是正想要靠 NFT 作品賺大錢的投資人，但無論對方是為了什麼目的，在這個市場裡最不可或缺的角色就是買家。

正因如此，賣家必須透過經營「社群」來留住買家，進

而提高顧客忠誠度。

創作者：將數位內容鑄造成 NFT 的賣家

創作者（賣家）是指將自己的數位內容鑄造後製成 NFT 的人。

在數位世界裡，無論是誰都能成為創作者。不光是本來就已經在創作數位藝術品的數位藝術家，就連原本從未接觸過數位藝術的畫家也能成為「創作者」，看似跟 NFT 沒交集的貼圖畫家、寫書的作者，也都能成為 NFT 的「創作者」。

除此之外，創作者也能是拍下家人間相處互動的父母親、將解題過程上傳到網路上的學生、創造遊戲道具的公司……無論是誰都能成為創作者。

交易所：買賣家進行交易的地方

交易所是讓創作者跟收藏家進行交易的地方。在 NFT

市場上，交易所占有舉足輕重的地位，只要沒有交易所，大家就無法進行交易。

如果不想透過交易所，想要私下交易的話，NFT 的價值可能不能太高，價值 1 萬～ 2 萬韓元（約新台幣 250 元～500 元）的 NFT 還不成問題，但如果要交易價值好幾百億韓元以上的作品，若沒有一個具公信力的仲介平台，是很難成功完成交易的。

一間交易所的競爭力來自擁有多少吸引人的 NFT。所以有些 NFT 交易所會嚴選創作者和作品；有些交易所則會採用公開市場型態，讓所有人都能上傳自己的作品。

接下來，就讓我們透過實例，更加了解 NFT 交易的四大要素吧。

12

內容：數位化的藝術、收藏品和遊戲道具

　　究竟是什麼樣的內容才能成為 NFT 呢？其實只要是能轉換成數位化的東西，就能被做成 NFT。

　　可以是一幅經由數位創作後完成的畫作，也可以是一般的畫作藉由掃描後轉換成數位畫作，再製成 NFT。只要是數位化的物品，就都能成為 NFT 的內容。

　　NFT 的內容大致上可以分成藝術、收藏品、遊戲道具。以下就以實例介紹這些類別包含的物品。

藝術：NFT 市場的催化劑

如同前文曾提過的，藝術是 NFT 市場的催化劑，引領 NFT 進到大眾的眼中。

2021 年，以高額成交價引起關注的作品有數位藝術家 Beeple 的《每天：最初的 5000 天》和加拿大歌手格萊姆斯的《戰爭女神》等。

在韓國也有許多作品屢創高價，像是山水畫作家柳在春的《月河 2021》、知名畫家禹國元的《篝火冥想》（*Bonfire Meditation*）、現代藝術家金日同的《新達爾馬》（*New Dalma*）系列等。

隨著大眾對 NFT 的關注增加，許多業餘藝術家也踏入這個領域。原先就有一定知名度的畫家可以透過畫廊當作仲介，販售自己的作品；而對新人畫家而言，專門在找尋新畫家、新作品的畫廊就很重要。

像韓國 NFT 展銷平台 Canverse 就會定期舉辦活動，販售學生或是一般大眾的作品。所以對 NFT 有興趣的創作者，就能定期透過畫廊來向全球展示自己的 NFT 作品（見圖表 3-2）。

但只要是有能力的畫家，就可以不用透過畫廊宣傳，

圖表 3-2　Canverse 官網上正販售大學生的作品

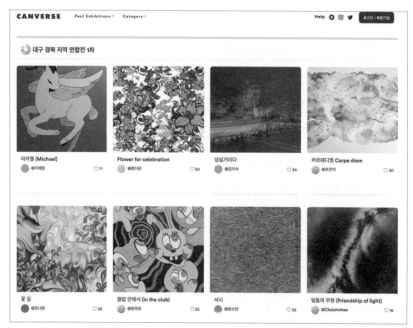

資料來源：Canverse（www.canverse.org）韓國大邱、慶北地區第一場聯合展

直接將自己的作品放上 NFT 交易平台 OpenSea、MyTems 等，讓大眾看到你的作品，因此所有的創作者都該做好被全世界看見的準備。

[NFT] 收藏品：稀有又有故事

　　無論是虛擬貓咪遊戲《謎戀貓》、1 萬個限量頭像 CryptoPunks、NBA 選手的球員卡，或是韓國《訓民正音》、韓國著名獨立運動家白凡金九的毛筆字、蘋果公司（Apple）創始人之一史蒂夫・賈伯斯（Steve Jobs）的求職信等物品，都能被視為是 NFT 的收藏品。

　　收藏品可分為兩種，第一種是已經很知名的人所創作的作品，第二種則是雖然創作者本身不是很有名，但因為他的作品具有「稀有性」，所以也能被視為收藏品。

　　如果想要獲得收藏家的賞識，就必須證明你的作品具有稀有性。例如，限量 1 萬個的 CryptoPunks、限量 1 萬個的《無聊猿》（*Bored Ape Yacht Club*）、只有 3,350 個的《怪異鯨魚》（*Weird Whales*）、限量 100 個的《石頭圖檔》（*EtherRock*）等。

　　這種作品又被稱作是「衍生藝術」（Generative ART）[*]，當人們畫好作品後，再透過演算法（Algorithm）來補足這幅作品。說得更清楚一點，就是當創作者大致畫完圖畫後，

---

[*] 利用機器或電腦等裝置，根據程式自動產生出幾何圖案的藝術作品。

再透過電腦成千上百個隨機組合所創作出來的作品。

但光是創作出隨機的作品還不夠吸引人，創作者還必須讓作品有與眾不同的「故事性」。

收藏品又可分為「以社群為主的 NFT」、「報章雜誌的報導」和「迷因」。

以社群為主的 NFT

* 無聊猿遊艇俱樂部

「無聊猿遊艇俱樂部」（Bored Ape Yacht Club, BAYC）是巧妙運用社群要素的 NFT。而這項企劃之所以會誕生，是因為四位創辦人當時正在思考在加密貨幣市場上，究竟要做些什麼才能吸引到大眾的目光，於是他們便創建了 BAYC 的官網。

雖然 BAYC 官網每個人都能點進去瀏覽，但官網裡像是「THE BATHROOM」這種加密社群，只有擁有《無聊猿》（*Bored Ape*）NFT 的人才能進去。

正因為他們有特定人才能進去的加密社群，所以他們的「故事性」順利吸引到許多人的關注，進而提升了他們 NFT 的價格。像《無聊猿》第 7,090 件作品便以 600 以太幣

圖表 3-3　BAYC 上有專屬的加密社群空間

資料來源：BAYC 官網

（約新台幣 5,000 萬元）的高價售出。

2021 年 9 月，知名的音響品牌 SOUL 跟 BAYC 聯名一起在線上拍賣 NFT。這場拍賣會不只讓擁有《無聊猿》NFT 的人參加，甚至得標者還能獲得有著《無聊猿》NFT 圖案的無線耳機。

BAYC 常會定時給予 NFT 持有者一些特別的福利，也

難怪《無聊猿》NFT 的價格會水漲船高。

BAYC 並沒有把重點放在是否購買 NFT，而是提高擁有者在 BAYC 專屬加密社群上的黏著度，這也成功替 NFT 的未來開了一個先例。

- 寶藏俱樂部

韓國也有一項充滿故事性的 NFT 企劃，那就是寶藏俱樂部（Treasures Club）。寶藏俱樂部以 Klaytn 區塊鏈為基礎創作了 1 萬 6,000 個作品。

作品的故事設定是當你把地球上所有寶物蒐集在一起後，便能出發去宇宙，因此每一幅作品都是由跟人類歷史相關的 58 個寶物所組成的，大家也可以從自己收藏的寶藏俱樂部 NFT 作品中找尋寶物的痕跡（見圖表 3-4）。

當韓國電影《極速快遞》上映時，寶藏俱樂部也發行了以 Klaytn 區塊鏈為基礎的 NFT。當時寶藏俱樂部總共發行了 3,000 個 NFT，其中 1,000 個特別販售的版本在開賣的同時便銷售一空，而另外 2,000 個一般版本則是在 5 秒內便售罄。

- Zipcy's SuperNormal

2022 年 1 月，韓國知名女插畫家 Zipcy 跟 NFT 交易所

圖表 3-4 「寶藏俱樂部」具特別的故事性

資料來源：Treasures Club 官網

「比特幣基地」（Coinbase）的創辦人崔宇鎮一起展開了名為「Zipcy's SuperNormal」的企劃。

該企劃探討「數位跟類比」、「性別」、「人種」、「平凡跟非凡」的界線並根據不同的組合與搭配，總共製作出了 8,888 個 NFT。在 OpenSea 上開賣首日就以平均 5 ～ 6 以太幣的價格售出（約新台幣 42 萬～ 50 萬元），可說是相當成功的一項企劃（見圖表 3-5）。

因為「SuperNormal」的企劃源自於歐美，而非韓國，

圖表 3-5　SuperNormal 的企劃

所以未來可以期待看見更多擁有不同風格的歐美藝術家加入這項企劃。2022 年 2 月 18 日，企劃也上傳了一支名為「封面藝術影片」（Cover Art Video）的影音到 YouTube 上，引發許多回響。

• **Klay Ape Club**

　　Klay Ape Club 這項企劃之所以會誕生，是因為韓國也想做出一個類似 BAYC 的社群，他們在 2021 年的第一版跟 2022 上半年的第二版，都各自製作了 1 萬個 NFT（見圖表 3-6）。

圖表 3-6　韓國第一個以 KLAY 為基礎的猿人 NFT

資料來源：Klay Ape Club

　　而 Klay Ape Club 的優勢在於他們經營社群的方式。
他們總共建立了 4 個超過 1,000 人的 Kakao Talk 多人聊天
室，當中持有 Klay Ape Club NFT 的成員包含了沙畫藝術家
SandBang，以及韓國知名的棒球選手姜白虎、朴治國。

　　Klay Ape Club 3.0 版網頁最大的特色在於他們透過分散
式自治組織（DAO）來經營這個平台。不管是成立韓國第
一個加密貨幣基金 KkikkiFund，又或是跟科技巨擘合作等
大事，他們都會讓擁有 Klay Ape Club NFT 的持有者投票決
定（見圖表 3-7）。

圖表 3-7　Klay Ape Club 採用分散式自治組織（DAO）經營

資料來源：Klay Ape Club

此外，Klay Ape Club 在元宇宙平台 Cryptovoxels、The Sandbox、Dvision World 等都持有「土地」（Land），並且時常會在這些平台上舉辦活動。

報社與雜誌社的報導

就連報社跟雜誌社也跟著跨足 NFT。具有全球影響力的美國報紙《紐約時報》（*The New York Times*）將一篇名為〈在區塊鏈上購買這個專欄！〉（*Buy This Column on the Blockchain!*）的專欄做成 NFT 後，以 56 萬美元售出。

專門在評論時事的美國雜誌《時代雜誌》（*TIME*）在

圖表 3-8　製成 NFT 的《時代雜誌》封面

資料來源：《時代雜誌》（*TIME*）

2021 年 3 月將《上帝死了嗎？》（*Is God Dead?*）（1996 年）、《真相死了嗎？》（*Is Truth Dead?*）（2017 年）、《法幣死了嗎？》（*Is Fiat Dead?*）（2021 年）這三本雜誌封面做成 NFT 後，以 44 萬 6,000 美元售出（見圖表 3-8）。

　　2021 年 9 月，《時代雜誌》與 40 名藝術家以「建設更美好的未來」（BUILD A BETTER FUTURE）為主題，創作了 4,676 件系列作品並放上專屬社群「TIMEPiece」販售，只花了 1 分鐘就售罄。

　　每件作品換算下來都要價 0.1 以太幣（約新台幣 8,400 元），但只要是購買這系列作品的人，就可以無限次地到《時代雜誌》官網瀏覽自己想要看的報導。

　　英國《經濟學人》（*The Economist*）將 2021 年 9 月 18 日的封面《深入兔子洞》（*Down the rabbit hole*）放到 NFT 平台 Foundation 上，以 99.9 以太幣（約新台幣 840 萬元）出售。

　　而韓國知名報社《嶺南日報》將 1946 年 1 月 1 日印有白凡金九所寫下的毛筆字的新年刊號做成了 9 個 NFT，並且每個都以 500 萬韓元（約新台幣 12.5 萬元）的價格售出（見圖表 3-9）。

　　原先只能依靠訂閱費及廣告費賺取收入的報社和雜誌社，在活用了 NFT 後，也替自己開拓了新的財源。

圖表 3-9　《嶺南日報》將印有白凡金九毛筆字的報紙製成 NFT

資料來源：嶺南日報

迷因

　　被我們稱作梗圖的「迷因」當然也可以成為被蒐集的
對象。第一個開創「交易迷因」先例的是一部名為《彩虹
貓》（*Nyan Cat*）的影片，2021 年正好是《彩虹貓》爆紅
的第十週年，《彩虹貓》作者便以數位修復的方式將《彩虹
貓》製成 NFT 販售，最終以 5 億 5,000 萬韓元（約新台幣
1,375 萬元）售出。（見圖表 3-10）

　　因為特斯拉（Tesla）執行長伊隆・馬斯克（Elon Musk）

圖表 3-10　《彩虹貓》創立第十週年販售的 NFT

資料來源：Nyan Cat YouTube

的一句話，使得狗狗幣及狗狗幣的主角「多吉」都變得更加有名，與此相關的系列迷因也以 1,696 以太幣（約新台幣 1 億 4,000 萬元）的價格售出。此外，因為看著火災現場露出詭異微笑的「災難女孩」（Disaster girl）迷因也以 43 萬美元的價格售出（見圖表 3-11）。

圖表 3-11 「多吉」（左圖），及「災難女孩」（右圖）

資料來源：擷取自 YouTube

　　前文提到，在聽爸爸說完要去迪士尼樂園後，妹妹意外露出一個不滿意表情的迷因也以 7 萬 8,600 美元售出。

　　韓國一位民眾在上了知名綜藝節目《無限挑戰》後，不小心將《無限挑戰》說錯成「MooYaHo」的梗圖也被製成NFT，並且以 950 萬韓元（約新台幣 24 萬元）的價格賣出。

　　但那些人究竟為什麼要買迷因呢？雖然買了之後或許可

以運用在商業用途上，但跟其他類型的收藏品比起來，迷因是比較難運用的，所以我們其實也可以把這種行為解讀成「炫富」。他們之所以會買迷因，就是為了要證明自己的財力雄厚，足以花大錢買下這些迷因 NFT。

遊戲道具：邊玩邊賺的方法

無論是以區塊鏈為基礎的去中心化虛擬遊戲 Decentraland 或是 The Sandbox，兩者的遊戲道具都可以透過像是 OpenSea 的交易所進行交易。

韓國的網路遊戲開發公司娛美德旗下的《傳奇 4》（*MIR4*）就建造了一個名為「XDRACO」的 NFT 交易所，玩家可以在裡面販售遊戲道具及遊戲角色（見圖表 3-12）。

圖表 3-12　娛美德的 NFT 交易所「XDRACO」

資料來源：XDRACO(www.xdraco.com)

　　因為遊戲道具是大家很關心的領域之一，所以在第 5 章將會有更詳細的說明。

13

收藏家：願意花錢入手的買家

購買 NFT 的理由

那麼，願意花大錢買 NFT 的人，都是些什麼樣的人？

前文曾提過數位藝術家 Beeple 的作品《每天：最初的 5000 天》（*Everydays: The First 5000 Days*），而用 6,934 萬美元高價買下這幅作品的人就是新加坡 NFT 投資基金「Metapurse」印度籍執行長維涅什・桑德拉桑（Vignesh Sundaresan）（網路化名為 Metakovan）。

他曾在採訪中提及，他之所以願意花鉅額購買這幅作品的原因是：「我想告訴印度人跟其他的有色人種，我們也能成為他人的支持者，且我也想展現加密貨幣的平等力量。」

他提到的「支持者」指的是購買藝術品的人，也可以解

釋成藉由購買作品來支持他們所喜歡的藝術家;而「平等力量」則是代表無論是誰,都能靠加密貨幣來賺大錢。

即便他的出發點是好的,可是他同時也是 NFT 投資基金公司裡的高層,實在不免讓人懷疑他是否故意高價收購 NFT,以擴大這個市場。

2021 年 5 月,韓國職業九段棋士李世乭和人工智慧圍棋軟體 AlphaGo 對弈後獲勝的圍棋譜,被製成了 NFT 並且以 60 以太幣(約新台幣 500 萬元)的價格售出(見圖表 3-13)。

雖然買下這幅圍棋譜 NFT 的人沒有公開自己的身分(只知道他在交易所的帳號是「Doohan_Capital」),但在採訪中他曾提到,自己並不是個含著金湯匙出生的人,他是用自己開店所賺的錢拿來投資加密貨幣才變有錢的。

從前文兩個例子中就可以看出,這些收藏家不是對加密貨幣很了解,就是正在從事跟 NFT 相關的行業。

2021 年 10 月,美國的區塊鏈分析企業 Moonstream 調查像 OpenSea 跟 Nifty Gateway 等 NFT 交易所裡的買家,其中最富有的前 16.71 % 買家持有了市場上 70 % 以上的 NFT。

圖表 3-13　李世乭和 AlphaGo 對弈後的圍棋譜被

資料來源：OpenSea

　　這項調查結果顯示，擁有加密貨幣的有錢人，他們活用加密貨幣的方式就是購入 NFT，這項結果也間接表示 NFT 市場仍舊是屬於有錢人的。

　　雖然有些人是因為真的喜歡作品，所以才購入 NFT，但也有些人購入 NFT 是為了等這些作品之後升值，把這當作是一種投資的手段，更有些人只是單純把購入 NFT 當作是炫富的工具。

如何買一張有價值又抗跌的 NFT ？

最近在 NFT 市場上，願意花大錢購買的人，通常都是剛開始對 NFT 作品產生興趣的有錢人，而 NFT 藝術之所以會引起大眾的興趣，就是因為它等同是一種「藝術品」。

如果從有錢人會購買藝術品當作投資的角度來看，NFT 藝術本身就是換湯不換藥的藝術品。所以有錢人自然會透過購買藝術品來管理自己的資產，或是期待這幅作品將來能替他們帶來額外的收入。

但是在未來，把 NFT 當作投資手段的方式，不再只限於有錢人，今後無論是誰都能輕易地交易 NFT，並且靈活運用。

那麼，一般人究竟要怎麼透過 NFT 來提高自己的資產呢？最簡單的方式就是收購具有稀有性的 NFT 再轉手賣出。

大家可以在像是 Klip Drops 的交易所，購買交易所每天都會推出的新作品，等購入後的作品價錢上漲，再到 NFT 市場上轉手售出；也可以等到 NFT 交易所舉辦活動時，去搶免費發放的作品，等到價格上漲後再售出。

大家也可以在專門販售球員卡的 NBA Top Shot 跟 DooVerse 裡，購買剛發行的卡包，並且蒐集較稀有的球員

卡，等球員卡的價格上漲後，再轉手售出。同樣地，也可以在 P2E 遊戲裡，先購入具稀有性的土地、遊戲道具，之後再售出。

14

創作者：人人都能成為賣家

對創作者而言，NFT 有什麼樣的魅力？

最容易成為 NFT 創作者的人，莫過於是原先就有在用數位作畫的藝術家。因為數位藝術家平常就會透過像是 Adobe Photoshop 這類型的軟體作畫，所以對他們而言，將自己的作品轉換成 NFT 這件事難度並不高。

而其中最著名的 NFT 創作者，除了全球相當知名的美國數位藝術家 Beeple，韓國也有因為「麥當勞達磨圖」而爆紅的金日同畫家（見圖表 3-14）、插畫家 Zipcy、藝術家 Mari Kim，還有因為《小英雄》而走紅的 LAYLAY 畫家等。

圖表 3-14　金日同畫家的「麥當勞達磨圖」

前文也曾多次提過，無論是誰都能輕易地將自己的畫作、照片、影片製成 NFT。像現今非常知名的影音分享網站 YouTube，早期也是透過大眾上傳自己隨手錄的日常影片起家，後期才又逐漸發展出 YouTuber 這樣的衍伸職業。而現今無論是傳統媒體，或是知名明星全都跨足到了 You-Tube，間接使得 YouTube 的規模又更加擴大了。

NFT 市場也將會是如此，無論是哪個平台，剛開始總是片藍海。雖然 NFT 市場很難跟以「免費收看」為賣點的 YouTube 比，但 NFT 市場瞄準的並不只有國內，而是全球，再加上 NFT 市場除了能販售畫作與照片，還有遊戲道

具、文字檔、影片等多樣的數位化作品，因此現在的 NFT
市場可說是潛力無窮。

尤其最近有越來越多的 NFT 交易所出現，每間交易所
都想找到能跟他們一起擴大營運的創作者。正因為交易所
要有創作者上傳自己的作品才能運作，因此以成為創作者為
夢想的人，若願意在 NFT 正在萌芽的此刻加入，非但能收
到不錯的報酬，同時也能將這次的機會視為一個讓全世界看
到的跳板。

對創作者而言，NFT 有三大魅力是他們難以抗拒的：

可以自由的創作

雖然現在有很多的公司都會跟創作者一起推出 NFT 聯
名作品，導致創作者無法百分之百自由發揮，但除此之外，
你想要怎麼創作自己的作品、想要在哪裡完成並上傳，都可
以不用再看任何人的臉色。

正因為創作的範圍變得更加寬廣，所以即便不是眾人看
了都會稱讚好看的作品，只要有充足的故事性就有機會可以
成功，而因具有故事性而成功的例子也不在少數。

擁有更多機會

除了自己所在的國家，還可以將自己的作品推廣到海外。光是使用 OpenSea 交易所，就能把自己的作品展現給全球的人觀看，當你闖出名聲後，你就有更多的機會跟世界知名的大企業合作。

透明的收入模式

因為所有的交易明細都被記錄在區塊鏈上，所以即便是再微薄的收入也能從交易明細中找到。如果你還有設定「版稅」的話，當你的作品被轉賣時，你也能收到專屬於創作者的收益。

虛擬人物也成為創作者

在 NFT 的數位藝術領域中，出現了一個不容小覷的勁敵，就是虛擬人物（Cyber Human）。

來自美國的虛擬人物 Miquela 在 NFT 交易所 SuperRare 上傳了一幅名為《金星的重生》（*Rebirth of Venus*）的作

品,並以 159.5 以太幣(約新台幣 1,300 萬元)售出。

而在韓國 NFT 釜山博覽會「NFT BUSAN 2021」上,專門製作 AI 虛擬人物的 DOOROPEN 將他們旗下虛擬人物 Noah、SunWu、Marie 的照片做成 NFT 後,分別以 65 萬韓元(約新台幣 1 萬 6,000 元)、250 萬韓元(約新台幣 6 萬 2,500 元)、400 萬韓元(約新台幣 10 萬元)的價格售出(見圖表 3-15)。

圖表 3-15 虛擬人物 SunWu、Marie、Noah(由左至右)

資料來源:DOOROPEN

雖然這種例子還不算多,但在韓國,虛擬網紅 Rozy 也開始接廣告代言,如果今後有更多虛擬人物相關的內容被製成 NFT,那麼這些虛擬網紅將有可能會成為最具潛力的創作者。

15

交易所：連結買家和賣家的市場

交易所扮演的角色

大家可以把 NFT 交易所看作是連接買家與賣家之間的市場。

舉例來說，韓國弘大商圈*前的遊戲場每到傍晚就會變成藝術市集。當太陽下山後，一些業餘的畫家就會開始擺攤販售自己的物品，逛街的人就可以停下腳步來購買他們所喜歡的商品，這時市集還只是個人對個人的交易，所以不需要向第三方繳納手續費，大家也可以把這想成是個人跟個人間的交易。

---

* 號稱是韓國首爾內最年輕、富有文化氣息的商圈。

但若是要維持這個市場的運作，那麼買家跟賣家就必須養成共同維護市場的默契，因為沒有負責管理的人，一不小心這個市場就有可能會充滿成堆的垃圾。如果賣家比買家多的話，市場可能落得充滿商品卻沒人買的窘境。若市場無法滿足買家跟賣家，這個市場遲早會衰敗。

如果有人刻意建造一個市場，並賦予他人可以販售的資格，那會變得如何？這個市場便會從一個誰都可以賣、什麼東西都可以賣的雜亂無章市場，轉變成一個有系統的市場。

然而這個代價就是使用者必須支付管理費，而賣家及他們所販售的東西也必須讓人「可信賴」。雖然買家跟賣家才是決定商品賣不賣得出去的關鍵，但若想要提升整體市場品質的話，勢必得管理賣家。

大家可以把管理前的市場想成是黃昏市場，管理後的市場想成是百貨公司，專門挑高品質商品販售的百貨公司，自然可以吸引到有錢人的客源。

如同 NFT 交易所。創作者若想要把自己的作品拿到交易所上販售，就必須先經過兩個步驟，第一個是將自己的作品製成 NFT，第二個則是上傳到交易所。

然而一般的交易所通常都會主動將創作者所上傳的作品製成 NFT，這就是所謂的「鑄造」，也就是代表交易所

會負責將大家上傳的作品放上區塊鏈，並製成 NFT；而創作者只需要上傳自己的作品，決定作品的名稱、作品說明、價格等就行了。

有些平台只有提供「鑄造」的服務，你也可以先在那些平台「鑄造」，之後再透過其他方式上傳到交易所。

舉例來說，韓國 Kalao 公司旗下區塊鏈子公司 GroundX 的鑄造平台「KrafterSpace」，無論是誰都能將自己的數位內容上傳，再透過平台幫你製作成 NFT，而他們所使用的區塊鏈也是 GroundX 自己的區塊鏈「Klaytn」，（見圖表 3-16）。

美中不足的是，KrafterSpace 只是幫忙製作 NFT 的平

圖表 3-16　**KrafterSpace** 是大家都能輕易製作 **NFT** 的網站

台，所以不像交易所可以直接進行交易，你必須透過和 Klaytn 合作的 NFT 交易所才能進行販售，像是 OpenSea 等。

NFT 交易所的種類跟特徵

NFT 交易所可以簡單分成三種：

1. **公開市場型交易所**：只需要支付些許手續費註冊，無論是誰都能進行販售。公開市場型交易所不分對象、不分作品全都能放上交易所販售，其中又以 OpenSea 跟 Rarible 最具代表性。

2. **畫廊型交易所**：只有被交易所認可的作品才能販售。畫廊型交易所顧名思義就跟我們一般所認知的畫廊一樣，只讓他們所認可的藝術家、作品放上平台販售，其中又以 Nifty Gateway 跟 SuperRare 最知名，而韓國也有 Klip Drops、Meta Galaxia、CCCV、UPbit NFT 這幾個著名的畫廊型交易所。

3. **封閉型交易所**：只有特殊的作品才能販售。封閉型交易所只販售一些特定的 NFT，像是以販售籃球選手

球員卡為主的 NBA Top Shot、專門在交易足球選手球員卡的 Sorare、專門交易娛美德旗下遊戲的道具及帳號的 XDRACO。

除此之外，還可以細分成是使用哪種區塊鏈、交易方式是只能使用加密貨幣，還是也能使用信用卡、最常使用哪種資產等。

每間交易所都有各自獨特的地方，像是加入會員的方法、畫面編排、購買方式、販售方式等。大家在交易前可以先去了解每間交易所各自具有什麼優點，又有什麼地方需要多加注意。

然而在選交易所時，有件事是一定要多加留意，就是交易所是否能長久經營，如果倒閉是否有完善的配套措施。

最近因為 NFT 突然爆紅，所以出現許多以便宜的手續費、方便的操作模式作為噱頭的交易所，然而若沒有卓越技術、雄厚資金的話，是很難永久經營下去的，所以大家在選擇交易所前，必須先確認如果這間交易所倒閉，你所上傳的 NFT 會怎麼處理、你所購買的 NFT 是否能夠轉移到其他的交易所等。

後文就讓我來詳細介紹知名交易所 OpenSea，以及韓國

最有名的交易所 UPbit NFT。有關其他交易所的資料已經整理在書末「附錄」中，大家也可以翻至「附錄」查看。

OpenSea

1. 企業歷史

OpenSea 成立於 2017 年，原名是 Etherbay，是以太坊（Ethereum）跟美國線上拍賣網站 eBay 合在一起的單字，由此可看出原先 OpenSea 渴望能成為 NFT 界的 eBay。

OpenSea 的交易量從 2020 年 7 月的 100 萬美元，到 2021 年 7 月成長到 3 億美元的規模，短短一年間成長了至少 300 倍。

2. 畫面編排

OpenSea 在官網上介紹他們自己是「世界第一個，同時也是世界最大的 NFT 市場」（見圖表 3-17）。

OpenSea 會將一系列的作品稱之為「收藏品」，從主頁稍微往下滑便能看見最近 7 天內以最高金額賣出的收藏品（見圖表 3-18）。

點擊收藏品就能看見各自的作品資訊。以上升到第二名

圖表 3-17　OpenSea 官網

圖表 3-18　OpenSea 顯示近 7 天內以高價售出的「收藏品」

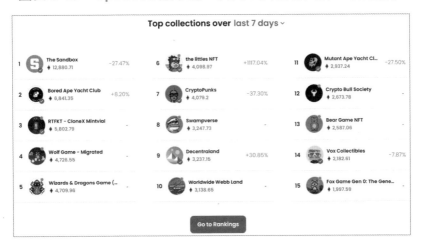

的 Bored Ape Yacht Club 為例，點進 BAYC 後，便能得知他
們總共擁有 10.0k（1 萬個）作品，並且有 5.9k（5,900 個）
人擁有他們的作品（見圖表 3-19）。

圖表 3-19　Bored Ape Yacht Club 的作品資訊

![Bored Ape Yacht Club 的 OpenSea 頁面截圖，顯示 10.0K items、5.9K owners、50.69 floor price、246.6K volume traded]

主頁再繼續往下滑，便能看見 OpenSea 的分類，除了
NFT 藝術，還有音樂、照片、網路區域、集換式卡牌等多
樣的類別。正因為 OpenSea 上有這麼多不同種類的 NFT，
所以大家可以花時間找尋自己真正喜愛的 NFT（見圖表
3-20）。

圖表 3-20　OpenSea 上有各種類的 NFT

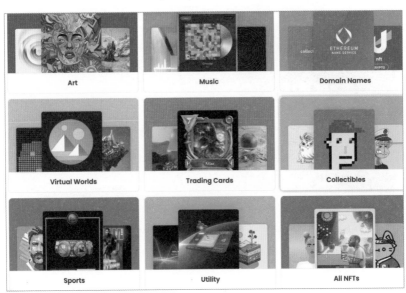

3. 操作畫面編排

每一幅作品究竟有哪些操作畫面呢？就讓我們以前文提過的「無聊猿」收藏品中的其中一幅來舉例吧（見圖表 3-21）。

擁有者（Owned by）：指的是這幅 NFT 現在的擁有者，你也可以點進這名擁有者的帳號，查看他蒐藏的其他作品。

目前價格（Current price）：指的是作品現在的價格，

圖表 3-21　OpenSea 的操作畫面

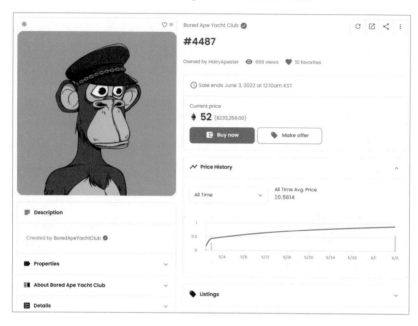

每一位賣家都能決定自己的作品要用什麼加密貨幣販售，像圖中這幅 NFT 就把價錢設定為 52 以太幣（約新台幣 437 萬元），但這並不表示這幅作品已經被售出。

　　描述（Description）：在作品的下方，有一個位置是專門給創作者記錄自己在「鑄造」這幅作品時的心得及作品的相關說明。只要創作者說明得越詳細，買家就有越高的機率會選擇這幅作品。

創作者（Created by）：這幅作品的創作者是誰。

屬性（Properties）：指作品的屬性。因為「無聊猿」的收藏品都是長得不一樣的猿猴，所以這時就必須為每隻猿猴貼上牠們的特性，像是跟其他猿猴相比眼睛是否比較大、是什麼顏色的毛髮、有沒有戴帽子等（「屬性」對販售遊戲道具而言，扮演著不可或缺的角色）（見圖表 3-22）。

圖表 3-22　作品的「屬性」

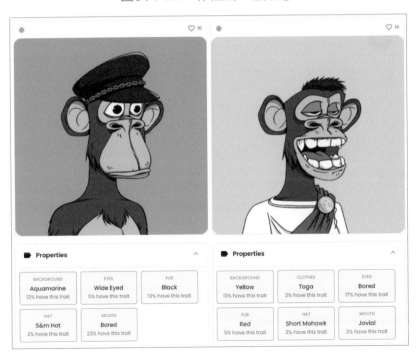

關於（About～）：對作品更仔細的說明。

細節（Details）：可以得知這幅作品更詳細的資訊。像是這幅NFT屬於以太坊區塊鏈，並且是用ERC-721所製作出來的，同時還能知道這幅作品的合約地址（Contract Address）（見圖表3-23）。

圖表 3-23　作品的「關於」和「細節」

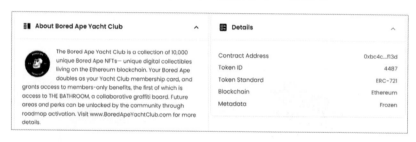

如果點擊「合約地址」，便能看見這幅作品部署在區塊鏈上的地址。像圖表3-24這幅NFT的區塊鏈是在以太坊上，所以就會跳到Etherscan這個網站，上頭會詳細記載這幅NFT的所有交易內容。

項目活動（Item Activity）：主頁的最下方會出現這個項目，你可以從中得知這幅作品是什麼時候被鑄造的、是從誰手上賣給了誰的詳細資訊（見圖表3-25）。

圖表 3-24　作品的「合約地址」

圖表 3-25　作品的「項目活動」

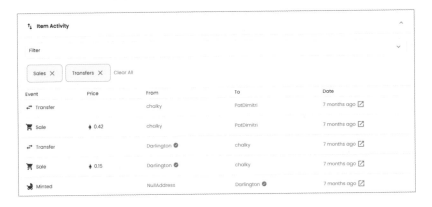

4. 手續費

OpenSea 的手續費分為一開始的登記手續費跟販售／結帳手續費。一開始的登記手續費大家可以把它想成是營業登記費，第一次將自己的作品上傳到 OpenSea 並申請販

售，必須額外支付大約 70 美元的手續費，可是在那之後上傳作品就不需要再花錢了。

2021 年初時，如果要拍賣自己的作品會被收取手續費，可是現在若要拍賣作品，就不會被額外收取這些費用了。只是當你成功售出時，會從成交金額中扣 2.5％當作手續費。

5. 結帳方式

這裡指的是當作品進行交易時，所使用的結帳方式。

如果你是用以太幣（MetaMask）註冊的話，那麼你得用以太幣付款；如果你當初是用 Klaytn（Kaikas）註冊的話，那麼結帳貨幣就會被自動設定成 KLAY。

6. 結論

- OpenSea 是全球最大的 NFT 市場。
- 它也有跟 Kakao 的 Klaytn 合作。
- 這是個從照片到音樂檔案都能進行交易的地方。
- 只有一開始上傳作品時會被額外收取手續費，之後會直接從成交金額裡扣 2.5％當作手續費。

Upbit NFT

1. 企業歷史

　　Upbit 原先是 Dunamu 所經營的一間加密貨幣交易所，因為跟韓國知名男子團體防彈少年團的經紀公司 HYBE 有合作，所以一躍成為韓國最知名的加密貨幣交易所之一。一直到 2021 年 11 月，Upbit 才又增設了 NFT 交易所。

　　然而 Upbit 並沒有特地為 NFT 交易所架設新的官網，因為它希望來投資加密貨幣的人也能順帶交易 NFT，所以 Upbit 便沿用了原先加密貨幣交易所的官網來進行 NFT 交易（見圖表 3-26）。

圖表 3-26　Upbit 官網

2. 註冊會員（登入）

若要註冊 Upbit NFT 的會員，就一定得使用到電腦。透過網路瀏覽器 Google Chrome 進到網站後，只要按下「註冊會員」的按鈕就能連結韓國通訊軟體 Kakao Talk 的帳號來註冊*。

這裡要注意的一點是，即便當初是用電腦來加入會員，但「身分認證」還是得透過智慧型手機。成功註冊好帳號後，之後每次登入也需要再透過 Kakao Talk 確認是本人才行（見圖表 3-27）。

圖表 3-27　Upbit 登入畫面

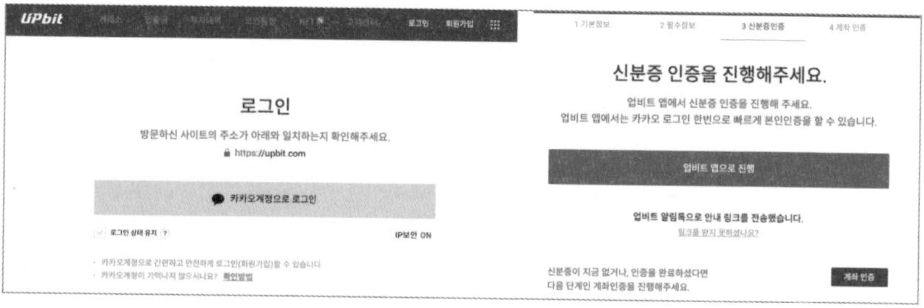

點擊 Upbit 官網上方的「NFT」後，便能進到 Upbit NFT。Upbit NFT 因為是畫廊型交易所，所以不能自行 NFT

---

* 如果不是韓國國民，可以從右上方選擇其他語言，使用 E-mail 註冊。

作品販售。

　　而 Upbit NFT 的作品又細分成兩大類，第一類「Drops」是只有在安排好的日子裡才會公開的作品（見圖表 3-28）；第二類「Marketplace」則是泛指「策展」（Curating）中的所有作品。

圖表 3-28　Drops 畫面

　　Drops 的作品大多是透過拍賣的方式來購入，點進 Upbit NFT 上端的「Drops」便能看見現在正被拍賣的作品。

　　圖表 3-29 作品的右方寫著這幅作品的拍賣方式是「英式拍賣」（English Auction），這是一種靠著買家不斷叫價

的方式逐漸拉高商品的售價，最終以喊價最高的人得標。

　　此外，Drops 還可以透過「荷蘭式拍賣」（Dutch auction）的方式販售，這種拍賣方式正好跟英式拍賣相反，賣家會先喊出一個最高價，若沒有買家接受這價格的話便會以事先決定好的金額逐步降低售價，直到有買家願意接受出價為止。這裡要注意的是 Drops 的作品只接受用比特幣來購買。

圖表 3-29　作品拍賣方式

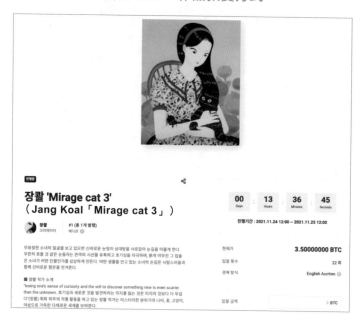

而在 Marketplace 就可以隨時隨地買到 Upbit NFT 上藝術家的作品，但是 Marketplace 只接受現金交易。點進作品後，便能看見近期的成交價格及交易紀錄等詳細資訊（見圖表 3-30）。

如果想要購買 Marketplace 上的作品，可以先將現金存進 Upbit 內的錢包後，再透過這個錢包來支付。

圖表 3-30　Marketplace 畫面

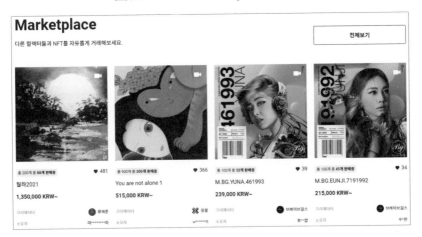

3. 手續費

如果是透過拍賣的方式購入作品，就不需要支付手續費，但如果是透過 Marketplace，無論是販售或購買都會酌

收總金額的 2.5％當作手續費。

4. 結論

　　Upbit 因為原先就是間基礎穩固的交易所，所以我們可以期待它之後的發展。

第 4 章

零基礎進場 NFT

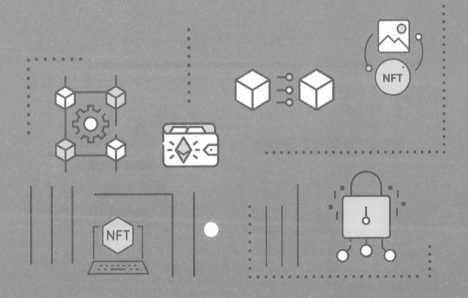

16

很好奇,卻不知道怎麼開始

不過,究竟該從何開始 NFT 呢?

我曾經介紹過 NFT,也曾經錄製影片講解過該如何創作屬於自己的 NFT,並上傳至 YouTube 上(見圖表 4-1)。

圖表 4-1 作者曾講解如何製作 NFT 並上傳 YouTube

這支影片獲得許多人的回響，除了留言「我也好想要自己製作」的一般大眾，還有已經有自己作品的創作者，也有想幫媽媽把作品製作成 NFT 的孝順子女，然而這些人最好奇的莫過於是該怎麼開始。

許多人都對 NFT 感到好奇，想買買看 NFT，但究竟該從哪裡開始購買、該去哪裡買加密貨幣、該怎麼註冊屬於自己的加密貨幣錢包、該怎麼製作屬於自己的 NFT 作品、該去哪裡販售我的 NFT ？

尤其當我提到這一切都是透過「區塊鏈」後，就有許多人開始誤會是不是得自己去寫程式、把作品交給開發者去製作等。

因此本章會專門講解 NFT 是如何製作、如何販售，又該如何購入。內容有特別把一些較艱難的「外星語」拿掉，大家可以一邊看、一邊嘗試。

17

製作 NFT 的起手式

製作 NFT 前的準備

如果要製作 NFT，一定要先準備好 Google Chrome 跟加密貨幣錢包（像是 MetaMask 錢包、Kaikas 錢包等）。

如果要使用 NFT 交易所，最好是透過 Google Chrome 瀏覽器，因為大部分的交易所都是依照 Google Chrome 來優化自家的網頁。

當你要買賣 NFT 時，就一定會用到加密貨幣（雖然最近也增加了很多可以用信用卡來買賣的交易所，但大部分的交易所還是只能使用以太幣或是 KLAY 等加密貨幣），而使用加密貨幣時，就一定得先有一個加密貨幣錢包。

　　加密貨幣錢包不僅是交易時才會用到，當你要登入
NFT 交易所時，也會需要用到。如果是用以太幣交易的地
方，就會需要「MetaMask 錢包」；如果是用 KLAY 進行交
易，就會需要「Kaikas 錢包」。

　　接下來就要開始講解該如何透過 OpenSea、
KrafterSpace 製作 NFT。首先先在入口網站上輸入「下載
Chrome」這個關鍵字，接著再進入網站下載並安裝 Google
Chrome（見圖表 4-2）。

圖表 4-2　下載 Chrome

透過 OpenSea 製作 NFT

如果你是瞄準全球市場的話，那我會推薦先從 OpenSea 開始入門。OpenSea 除了是擁有全球最多作品的交易所，同時也是公開市場型交易所，所以無論是誰都能將自己的作品放上 OpenSea。

如果要註冊 OpenSea 的會員，第一步就是必須先連結你的加密貨幣錢包。雖然 OpenSea 可以連結很多不同的加密貨幣錢包，但此處先用以太幣為主的 MetaMask 錢包為例，講解該如何製作 NFT。

Step 1. 安裝加密貨幣錢包

如果想要安裝 MetaMask 錢包，必須先到 Chrome 線上應用程式商店裡尋找「MetaMask」，並且安裝擴充程式。安裝完成後，Google Chrome 的右上方便會出現 MetaMask 標誌性的狐狸符號。

順帶一提，「Chrome 線上應用程式商店」是跟 Play 商店（Apple Store）一樣能夠下載應用程式的網站（如果無法在右上角找到狐狸符號，可以按下 Google Chrome 右上

角的「拼圖符號」，點進去就能找到 MetaMask）（見圖表
4-3）。

圖表 4-3　下載 MetaMask

　　點進去 MetaMask 後，會出現「創建新的錢包」與「助
記詞」的選項，這時候我們就要點選「創建錢包」；這裡要
注意的是，助記詞一旦忘記是無法再次找回來的，所以大家
絕對要牢記自己的助記詞。

　　當換其他電腦登入 MetaMask 時，就會需要用到密碼跟
助記詞，所以大家最好是把助記詞記在只有自己才知道的備
忘錄裡（見圖表 4-4）。

圖表 4-4　創建新的錢包與助記詞

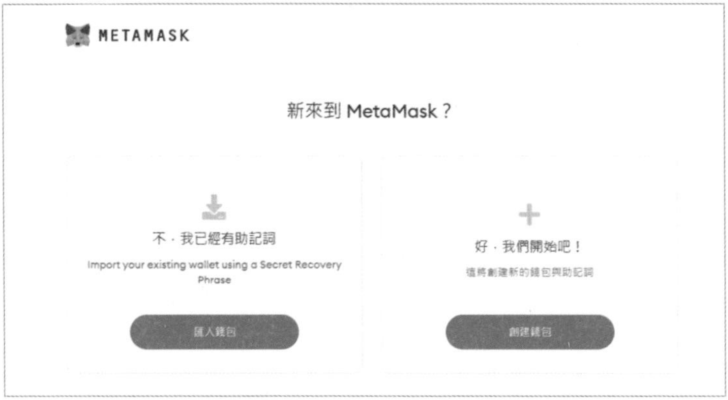

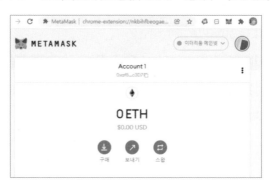

　　註冊完成後，就算成功建立 MetaMask 錢包了，如果是
要在其他電腦登入，這時就得按左方的「匯入錢包」並且輸
入助記詞才能連結成功（見圖表 4-5）。

圖表 4-5　如果在其他電腦登入，必須「匯入錢包」

Step 2. 購買以太幣

只要創建完錢包、設定好助記詞後，就成功建立自己的錢包了。雖然登入 NFT 交易所有錢包就夠了，但如果是要交易或是販售作品，就必須先購買以太幣放在錢包裡，以備不時之需。

因為要在 OpenSea 上建立收藏品並販售作品，一開始就得先支付手續費，而支付手續費就要用到以太幣。

只不過韓國現在為了防止洗錢所以實施了一個名為「Travel Rule」的法律，這也導致韓國人使用 MetaMask 等錢包卻需要提供個人資訊來取款，雖然還是可以使用歐美地區的加密貨幣交易所購買以太幣，再轉到自己的 MetaMask 錢之中，但終究太麻煩。

因此在韓國，通常會利用 UPbit 購買以太幣後，再匯款到 MetaMask 錢包。

至於該買多少以太幣呢？現在 1 以太幣大概是 300 ～ 500 萬韓元（約新台幣 7 萬～ 11 萬元），如果要一次購買金額這麼大的以太幣，一般人可能會覺得有點負擔。

不用擔心，交易所裡也能購買 0.001、0.01 小額的以太幣。我們一開始也就只需要 0.2 以太幣而已，所以大家可以

先在加密貨幣交易所裡購買 0.2 以太幣就行了。

雖然 OpenSea 的手續費只有 0.03 以太幣（可能會變動），但當我們把以太幣從交易所匯到 MetaMask 錢包時，也需要付提款手續費，所以一開始最好是先把金額抓得寬裕一點會比較好。

如果大家覺得 MetaMask 的手續費太貴，也可以從後文「透過 KrafterSpace 製作 NFT」裡的方式，利用 Kaikas 錢包登入 OpenSea，這樣手續費將會便宜許多。

Step 3. 進到 OpenSea 並登入

進到 OpenSea 後，點一下畫面右上方的人像（見圖表 4-6）。

圖表 4-6　登入 OpenSea

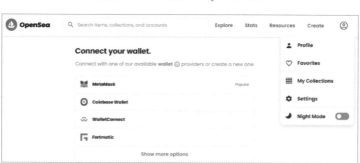

接著，便會跳出一個寫著「連結你的錢包」（Connect your wallet）的畫面，在我們按下「MetaMask」後就會自動連結到 MetaMask，你只需要輸入密碼並授權就能順利地登入 OpenSea（見圖表 4-7）。

圖表 4-7　登入 OpenSea

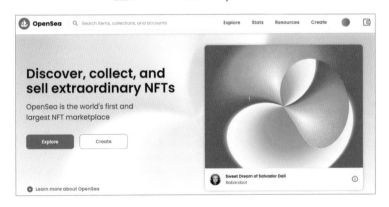

連結完成後，就可以點選右上方的「創作」（Create）製作「收藏品」（Collection）了。大家可以把「收藏品」想成是保管我們所有作品的資料夾（見圖表 4-8）。

圖表 4-8　創作收藏品

OpenSea	Q Search items, collections, and accounts	Explore	Stats	Resources	Create

My Collections › Create a Collec...

> Profile
>
> Connect your Twitter account
> Help buyers find the right collection by connecting to your collection's Twitter page

Favorites

My Collections

Settings

Create a Collection

Log Out

Night Mode

* Required fields

Logo image *
This image will also be used for navigation. 350 x 350 recommended.

只需要在「收藏品」裡輸入品牌、名稱、說明等，就可以製作專屬於自己的收藏品了。

在「版稅」（Royalties）裡，大家還可以決定當作品被轉賣時，想不想收到版權費，如果想要收到版權費，就必須一併放上自己在區塊鏈上的錢包地址。

最後記得要選擇以太坊的區塊鏈，並且按下「創作」就完成了（見圖表 4-9）。

圖表 4-9　創作完成

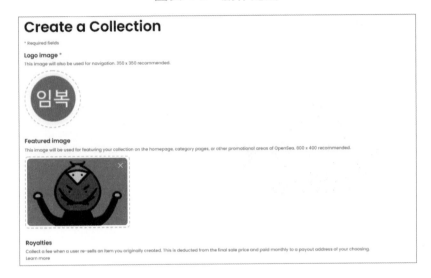

Step 4. 上傳作品

　　大家可以點擊右上方的「加入物件」（Add item）試著上傳自己的作品。

　　如果是選擇已經完成的畫作檔案，將可以加快你把作品製作成 NFT 的速度（不僅限於圖片，你也可以上傳音樂檔案）。如果把資訊填得越詳細的話，買家就更有機會找到你的作品（見圖表 4-10）。

　　而直至目前為止，製作 NFT 都不需要花到錢。

圖表 4-10　上傳作品

「屬性」（Properties）可以將你所上傳的類似作品分類到同一個類別中。

如果想要販售不止一幅的 NFT，你只需要在「提供」（Supply）輸入你想發行的數量就可以了，只是如果要一次販售好幾幅，區塊鏈就不能選以太坊，而是要選擇「多元」（Polygon）（見圖表 4-11）。

設定結束後，只需要按下「創作」就行了。

圖表 4-11　可以限制提供數量

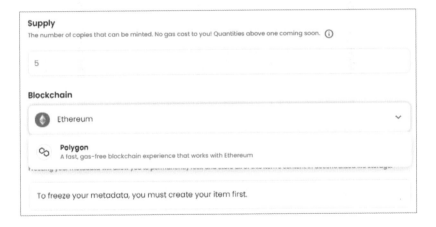

恭喜你，成功上傳了你在 OpenSea 上的第一幅作品（見圖表 4-12）。

圖表 4-12　完成上傳

You created Dokkaebi #001!　　　×

Woot! You just created Dokkaebi #001.

SHARE

透過 KrafterSpace 製作 NFT

　　創作者如果想將自己的作品做成 NFT，最簡單的方法
就是透過 KrafterSpace。

　　KrafterSpace 是 Kakao 公司旗下 GroundX 所製作出來
的網站，無論是誰都能輕易地透過這個網站，將自己的作品
做成 NFT，接下來就讓我們來一步步試做看看。

Step 1. 進到 KrafterSpace 並登入

首先，先進到 KrafterSpace 的網站。這裡要注意的是 KrafterSpace 只支援電腦版的 Google Chrome，大家請不要透過手機來操作。

如果要登入 KrafterSpace，需要的不是電子信箱及密碼，而是得先有一個「Kaikas」加密貨幣錢包，如果要創建 Kaikas 錢包的話，請按右上角的「登入」（Login）（見圖表 4-13）。

圖表 4-13 登入 KrafterSpace

Step 2. 加入 Kaikas 並且安裝

按下「以 Kaikas 登入」並點選下載，網頁就會自動跳到「Chrome 線上應用程式商店」。只要在線上應用程式商店裡成功安裝「Kaikas」的擴充程式，網址列的旁邊就會自動出現 Kaikas 的圖示。

安裝完 Kaikas 後，就可以回到 KrafterSpace 點選「登入」。在設定完密碼跟帳號名稱後就會出現「助記詞」，大家一定要記住助記詞是絕對不能搞丟或者是遺忘的（見圖表 4-14）。

如果你要換別台電腦登入 KrafterSpace 的話，就必須得輸入助記詞來復原你的帳號，所以大家一定要把助記詞保管好。

圖表 4-14　使用 Kaikas 登入

Step 3. 加入會員

現在回到 KrafterSpace 並按下「登入」，就可以自動連結到 Kaikas 錢包；接下來只要創建帳號、輸入電子信箱並完成認證，就算成功加入會員了。

Step 4. 發行 NFT

成功登入後就可以點選主頁左方的「發行 NFT」，接著畫面就會跳到「發行新的 NFT」這個頁面。這時候大家就可以將自己的圖片或 MP4 影片上傳。但是檔案的容量只限於 10MB 以內，所以如果要上傳影片，必須先剪接，好讓影片的容量小於 10MB（見圖表 4-15）。

上傳完成後，還需要輸入作品的名稱及作品說明。因為這不單只有本國人才看得見，全球各地的人都能看見，所以建議大家最好用英文來強調自己作品的特徵，以利國外的朋友看中你的作品。

等到一切都設定完成後，就可以按下「發行」按鈕。不過當作品發行時，還需要再一次地認證 Kaikas 錢包。

發行後，大家可以在自己的帳號裡找到剛發行的 NFT。KrafterSpace 一天可以免費鑄造 10 件作品，但如果使用者

圖表 4-15　發行新的 NFT

新로운 NFT 발행하기

파일 업로드
NFT에 넣을 이미지/영상 파일을 업로드해주세요. 최대 10MB까지 업로드할 수 있으며, 지원하는 파일 포맷은 아래와 같습니다.
- 이미지: PNG, JPG, JPEG, GIF, WEBP (가로 세로 사이즈 600px 이상)
- 영상: MP4 (가로 세로 사이즈 600px 이상)

파일 변경

미리보기

배경색
NFT 배경색을 선택해주세요. 아래 컬러칩을 눌러 색을 지정하거나, 컬러 코드를 직접 입력할 수 있습니다.

#f3f5f8

Dokkaebi #001
Created By eundang

이름

Dokkaebi #001

* 영상을 업로드한 경우, 이미지에 마우스를 가져다 대면 영상 미리보기로 변경됩니다.

설명

大幅增加的話，這個數量也有可能會下修。另外，大家也要注意，絕對不能拿他人的作品來鑄造，因為這行為會觸犯著作權法，所以大家一定得多加留意才行。

　　雖然使用 KrafterSpace 可以輕鬆地製作 NFT，但 KrafterSpace 並沒有提供販售及交易的功能，也不支援將自己的作品存到 Kakao Klip 錢包中。所以大家最好是將透過 KrafterSpace 製作出來的 NFT 上傳到「OpenSea」、「NFTMania」等公開市場型交易所中販售。

Step 5. 連結 OpenSea

首先，先進到 OpenSea 的網站。接著按下右上角的錢包圖示，隨即便會出現「連結你的錢包」（Connect your wallet）選單，這時候再點一下「顯示更多選項」（show more options），就能看見 Kaikas 錢包（見圖表 4-16）。

圖表 4-16　連結 OpenSea

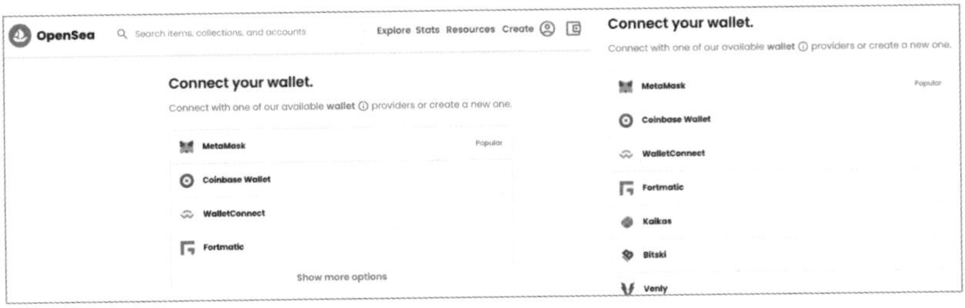

點選 Kaikas 錢包後，只需要輸入密碼，系統就會自動連結 Kaikas 錢包，之後大家一樣可以利用這個方式來登入 OpenSea，但要注意使用不同的錢包就會產生不同的帳號。

順利透過 Kaikas 錢包登入後，就能從 OpenSea 上看見你在 KrafterSpace 上所製作的 NFT 作品。

但如果是第一次連結，你會發現無法在收藏品頁面中看見自己的作品，因為此時你的作品都被藏在了「隱藏」

（Hidden）這個項目裡（見圖表4-17）。不過不用擔心，
解決的方法相當簡單。

圖表 4-17　作品被放在「隱藏」項目中

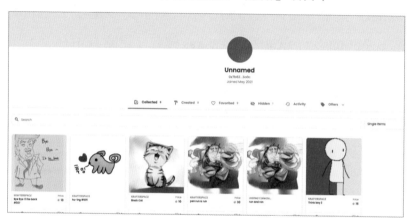

　　先點選作品上方的「隱藏」，進去後再點選作品左下方
的「…」圖示，緊接著你便能看見「取消隱藏」（Unhide）
的選單。

　　點選「取消隱藏」後，再點擊一次右下角藍色的「取消
隱藏」按鈕，你就能在收藏品中看見你的作品了。更詳細的
教學可以參考影片（見圖表4-18）。

圖表 4-18　取消隱藏與教學影片

18

如何賣出自己的 NFT ？

　　既然已經學會怎麼製作 NFT 了，現在就來試著販售！

　　如果不是原先就已經有一定知名度的藝術家，那就一定要依靠公開市場型交易所，因此後文利用國外的 OpenSea 來了解該怎麼販售 NFT 吧。

透過 OpenSea 販售 NFT

　　無 論 是 在 OpenSea 上 直 接 鑄 造 NFT，或 是 透 過 KrafterSpace 鑄造成的作品，在 OpenSea 上販售的方式都相同。只需要按下作品頁面右上角的「販售」（Sell）就可以了（見圖表 4-19）。

圖表 4-19　按下「販售」即可開賣

　　大家可以隨意設定自己想要販售的價格。只不過只有在
OpenSea 上直接鑄造成 NFT 的作品才能設定以太幣以外的
支付方式及幣別，如果是透過 KrafterSpace 鑄造的作品就只
能收 KLAY。

　　除此之外，KrafterSpace 鑄造的作品不能以拍賣的方式
販售，也無法進一步發行特別版作品。

　　在 OpenSea 上鑄造的作品不需要額外支付鑄造手續
費，只會在售出時收取售價的 2.5％當作手續費。大家也可
以自行設定自己想要收取的版權費率，圖表 4-20 中設定為
10％。

圖表 4-20　設定版稅費率

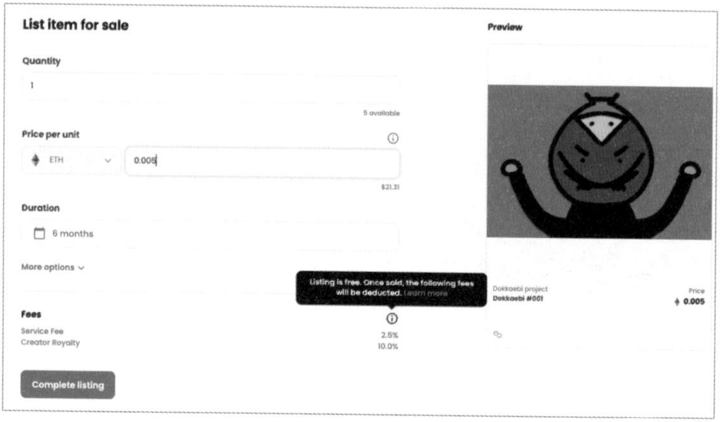

設定完成後，按下「完整列表」（Complete listing）便會出現要求你解鎖的頁面，此時只要按下「解鎖」（Unlock），就會打開你的 MetaMask 錢包並要求你簽署，最後只要再按下「簽署」（Sign）就大功告成了（見圖表 4-21）。

圖表 4-21　「解鎖」後即完成

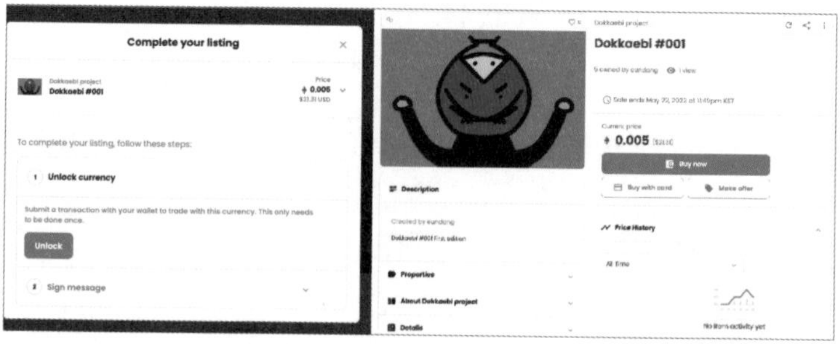

透過 MyTems 製作並販售 NFT

其實有一個比 KrafterSpace 還要更容易製作、發行 NFT 的地方，那就是韓國的 MyTems。

KrafterSpace 跟 MyTems 所使用的區塊鏈都是 Klaytn，差別在於 KrafterSpace 連結的是「Kaikas 錢包」，而 MyTems 是連結 Kakao 的「Klip 錢包」。另外，KrafterSpace 能透過 OpenSea 等全球知名的 NFT 交易所將自己的作品賣給眾多的使用者，但 MyTems 只能讓自家使用者進行交易。

不過 MyTems 還是擁有能輕易製作 NFT，並且馬上販售的優點，所以只要等到使用者變多且願意支援國際版時，MyTems 一定能成為全球備受矚目的 NFT 交易所之一。

19

輕鬆買入 NFT

　　購買 NFT 其實並不困難，只是得多加注意每間交易所的差異，像是加入會員時是使用電子信箱，還是使用加密貨幣錢包；結帳時所使用的加密貨幣是什麼（也有些交易所能夠使用信用卡）。

　　本節將會介紹透過韓國 Klip Drops*跟國內外都相當知名的 Nifty Gateway 購入 NFT 的方式（大家也可以在本書「附錄」中查看其他的交易所）。

---

*　Klip Drops 目前是韓國具代表性的 NFT 交易所，但目前購買方式尚限於註冊韓國加密貨幣錢包 Kakao Klip 者，台灣目前較難註冊，但可作為參考。

透過 Klip Drops 購買 NFT

　　Klip Drops 本來一天只會販售一幅他們所選定的畫作，直到 2021 年 12 月，他們才又增設了一個新的 Marketplace，讓曾經購買過他們作品的人可以在這裡轉手賣出自己手中的作品，同時也從只能透過 Kakao Talk App 購買作品的方式，改成可以透過 Klip Drops 電腦版網頁跟手機版網頁買到作品。

購買加密貨幣「KLAY」

　　如果要在 Klip Drops 上購買作品，就一定要使用 KLAY。大家可以先在加密貨幣交易所上購買 KLAY，最後再轉移到 Klip 錢包使用。

進到 Klip Drops

　　先透過 Google Chrome 進到 Klip Drops。Klip Drops 畫面下端的「1D1D」每天都只會有一名藝術家 Drop 他們的作品，在 Klip Drops 裡，這種作品會被分類到「數位藝術」；而「dFactory」則是 Klip Drops 跟藝術家合作上傳系

列作品的地方，這在 Klip Drops 裡會被分類為「收藏品」；
最後的「Market」則是讓一些曾在 Klip Drops 上購買過作
品的人轉賣的地方。

1D1D 每天早上 9 點*就會開始販售他們當天限定的作
品，所以如果有看到喜歡的藝術家千萬不要錯過購買的時間
（見圖表 4-22）。

圖表 4-22　買天開放販售限定作品

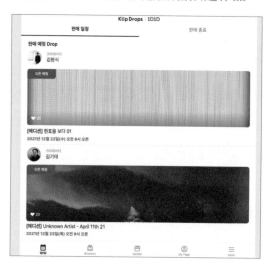

---

* 台灣時間早上八點。

購買 NFT 作品

如果不想只在特定的時間點才買 NFT 作品，大家可以利用「Market」。只要按下作品旁邊的「購買」按鈕，就會出現 QR 碼，掃描完後便會跳出是否准許透過 Kakao Klip 登入的畫面（見圖表 4-23）。

圖表 4-23　掃描 QR 碼，登入購買

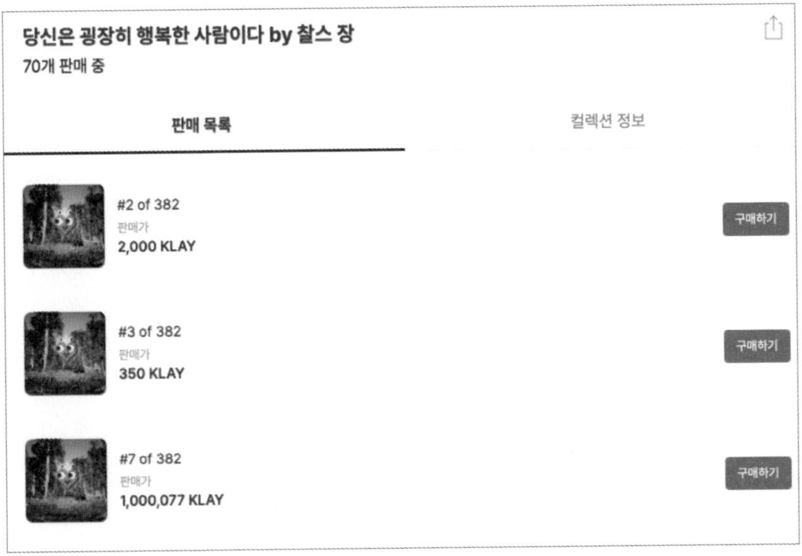

以 Kakao Klip 登入後，再次按下「購買」的按鈕，就會出現契約條款及結帳方式的選單。大家仔細看契約條款，

就會發現裡頭有一項「只能在 Klip Drops Market 中進行交易」，言下之意代表，大家無法在其他 NFT 交易所中販售在 Klip Drops 上所購買的作品。

在「用 KLAY 結帳」的按鈕底下，有一行寫著「即將增加新的結帳方式」的文字，相信之後 Klip Drops 可能會新增用信用卡結帳或用 Kakao Pay 結帳等方式（見圖表4-24）。

成功購買的作品，可以在「我的收藏品」中找到。

圖表 4-24　新增結帳等方式

轉售 NFT 作品

　　如果想要轉售你所購買的作品，大家可以在「我的收藏品」中設定售價，設定完成後只要按下「同意」鈕就可以順利地在 Market 上架這幅作品。

　　順帶一提，只要按下售價旁的「計算」按鈕，系統就會自動幫你從售價中扣除仲介費及創作者的版權費（見圖表 4-25）。

圖表 4-25　計算仲介費及版權費

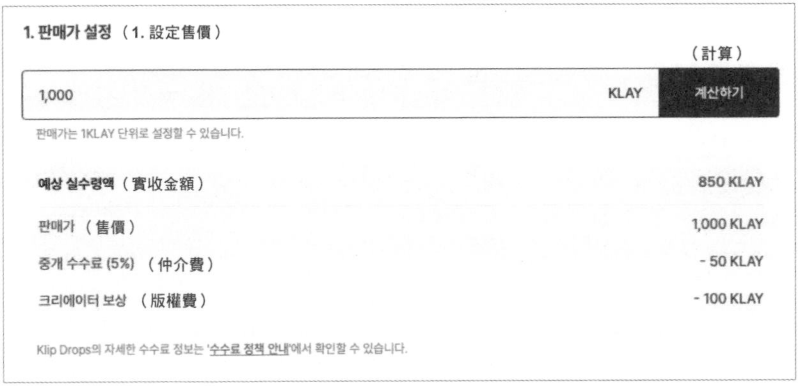

1. 판매가 설정（1. 設定售價）		
		（計算）
1,000	**KLAY**	계산하기

판매가는 1KLAY 단위로 설정할 수 있습니다.

예상 실수령액（實收金額）	**850 KLAY**
판매가 （售價）	1,000 KLAY
중개 수수료 (5%) （仲介費）	- 50 KLAY
크리에이터 보상 （版權費）	- 100 KLAY

Klip Drops의 자세한 수수료 정보는 '**수수료 정책 안내**'에서 확인할 수 있습니다.

透過 Nifty Gateway 購買 NFT

在 Nifty Gateway 上，無論是透過 Drops 或 Marketplace 都能買到 NFT。

進到 Nifty Gateway

進到 Nifty Gateway 後，就能看見正在拍賣的作品及最近新拍賣的作品（見圖表 4-26）。

圖表 4-26　進到 Nifty Gateway

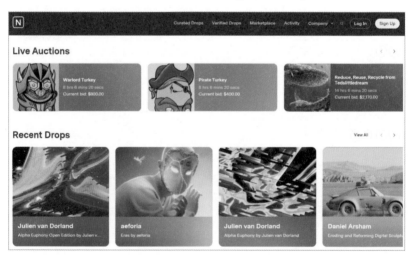

無論是想透過 Drops 還是 Marketplace 購買作品，大家都必須先加入會員並認證帳號後才能進行購買。

為了要認證帳號必須先按下作品說明中的「這裡」（Here），接著輸入自己的手機號碼，收到簡訊後在畫面上輸入 6 位數的數字並且按下「提交」（Submit）就完成了[*]（見圖表 4-27）。

圖表 4-27　認證帳號

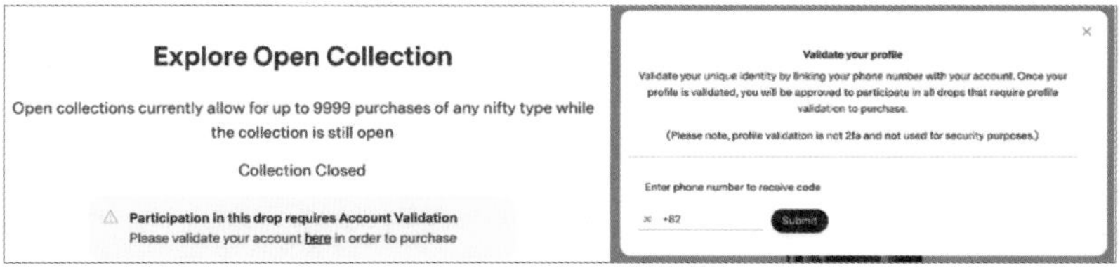

購買 NFT 作品

如果要在 Nifty Gateway 購買作品的話，只需要先滑到作品下方的「價格表」（List Price）並且按下最右邊的「現在購買」（Buy Now）就可以了（見圖表 4-28）。

---

[*]　也可以連結加密貨幣錢包認證。購買方式也可以新增信用卡付款選項。

圖表 4-28　從「價格表」按下「現在購買」

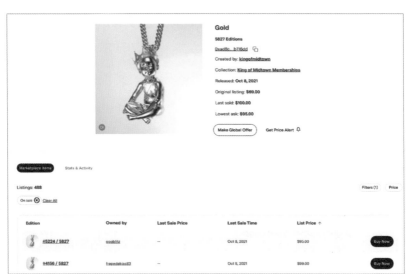

　　像圖表 4-29 的這幅作品總共發行了 5,827 幅，大家也可以在這裡看見其他人所販售的價格。

　　大家可以透過信用卡、先儲值進 Nifty Gateway 帳號中的現金，並用以太幣來結帳。

圖表 4-29　可以看見發行數量和販售價格

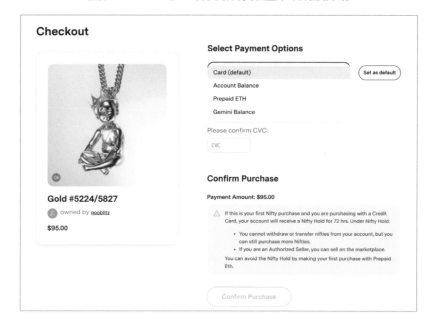

第 5 章

邊玩邊賺的大商機

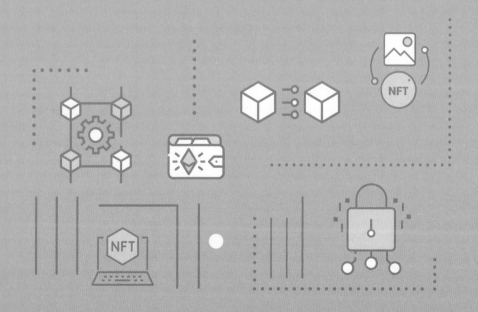

20

玩遊戲不只為了樂趣，
還能賺錢

從 P2F 到 P2E

從 2021 下半年開始，P2E 就成為了相當熱門的話題。

然而我們通常玩遊戲是為了 P2F（Play to Fun），也就是「為了樂趣而遊戲」，也習慣為了增加樂趣而花錢購買遊戲道具，甚至購買已經把角色等級練好、能直接闖關的帳號。

既然早就有花錢買遊戲道具或角色的習慣，為什麼 P2E 到現今才成為話題呢？原因有兩個：1. 官方許可了這種模式；2. 因為這牽涉到了 NFT，使得遊戲裡的道具擁有無可取代的特性。

如果大家都可以很輕鬆地透過玩遊戲來賺錢，那麼玩

遊戲就不僅是為了樂趣，更是為了賺錢。之前玩遊戲所獲得的遊戲道具、遊戲裡的不動產、花時間練等級的角色等，全都可以透過 NFT 來證明，這是屬於我們的數位資產，進而販售這些資產。

P2E 聽起來充滿著優點，但實則不然。因為 P2E 遊戲涉及的不僅是單純的金錢交易，還包含機率型道具、投機性、遊戲法、稅務問題、外匯法等，所以 P2E 需要克服的難關其實還有很多。

接下來就讓我來解釋 P2E 的模式，以及伴隨的問題。

各大遊戲公司進軍 NFT 市場

2021 年 8 月，MMORPG[*] 遊戲《傳奇 4》發行了國際版後，遊戲公司娛美德（Wemade）的股價跟年初時相比馬上大漲了 871％，漲了八倍之多；同年 11 月 11 日，韓國網路遊戲公司 NCsoft 在電話會議中舉辦第三季業績發表會時，順帶提及了他們正在準備一款跟 NFT 結合的遊戲，當天NCsoft 的股價便漲停。

* Massively Multiplayer Online Role-PGlaying game 多人線上角色扮演。

　　此外，遊戲公司 Gamevil 也宣布要投資加密貨幣交易所 Coinone；韓國遊戲開發公司 Com2uS 也在《魔靈召喚》這款遊戲中加入區塊鏈的技術；Kakao Games 也宣布他們正在準備 NFT 交易所。

　　遊戲公司接二連三地宣布要插旗 NFT，而市場對此也以股價大漲作回應。或許股東根本也不奢望企業真的插旗 NFT 市場，只要他們願意在營運計畫中提到 NFT，股東就已經樂開懷了。

　　因此從遊戲公司的立場來看，P2E 和 NFT 顯然已經成為新一代的經營目標了。

與其明令禁止，不如合法開放

　　但是在韓國卻無法玩到 P2E 的遊戲，這不是因為韓國的技術不足，而是因為韓國的《遊戲產業促進法》中明令禁止具有投機性的遊戲 *。

---

* 韓國《遊戲產業促進法》第 32 條 1 項 7 款中提到：從遊戲中獲得的有形無形物品都無法兌換成現金。

　　韓國在 2004 年因為一款名為《大海的故事》的遊戲，使得政府明令禁止將遊戲裡的錢幣直接兌換成現金。這裡就不得不提及《大海的故事》這款遊戲，當初究竟引起了什麼樣的紛爭。

　　《大海的故事》其實就是類似老虎機*的投機遊戲，只要將硬幣投入遊戲機後再按下按鈕，若畫面上出現了三個一樣的圖案就能賺到錢。在韓國，老虎機這類型的投機遊戲是被明令禁止的，現在只有在韓國國內唯一合法經營賭場的 Kangwon Land 裡才能玩到。

　　《大海的故事》之所以會引發風潮，並不是因為它能直接賺到現金，而是因為它能兌換成商品禮券。用錢賺錢的遊戲通常都會讓人想一直玩、欲罷不能，導致許多人即便負債也要繼續玩遊戲，最後甚至還賠上自己的性命。

　　在韓國警方的查緝下，沒收了許多商品禮券，光是被警方查獲並銷毀的商品禮券市值就高達 9 兆韓元（約新台幣 2,225 億元），可想而知，這款遊戲當初到底經手了多少錢，也由於那次事件後，促使韓國成立「遊戲物管理委員

---

*　將硬幣投入機器，螢幕便會隨機滾動不同圖案，停止時如出現特定圖案連線者，即依賠率掉出現金。

會」，而在 2007 年 1 月，投機性遊戲正式從遊戲的範疇中除名，政府也藉由遊戲分級制度加以管制遊戲業者。

縱使韓國政府已經明令禁止，不得將遊戲中的遊戲道具兌換成現金，然而網路早就已經相當盛行透過遊戲道具來交易，甚至在遊戲裡也仍舊有「機率型抽獎」，進而讓玩家願意花更多的錢去換取更好的遊戲道具。

正是因為現今遊戲仍存有投機性，有許多人在遊戲中花了好幾百萬韓元，因此出現「為什麼不乾脆合法化」的聲浪，另一方面，也有許多人認為「若不管制的話，投機性遊戲只會擴張到再也無法管理的地步」。正反兩方意見都有不少人支持。

在全球風靡 P2E 遊戲，甚至 P2E 遊戲也逐漸成為一種趨勢的現今，韓國政府依舊拿 10 年前的法律來規範現在的情勢是否有些不合時宜？是否夠稍稍修改一下以前的法律呢？討論到最後，大家都還是會繞回「投機性」的問題上。

要繼續依照《遊戲產業促進法》阻止 P2E 遊戲，還是要聽從遊戲業的想法，讓法律與時俱進？此刻就是該下結論的最佳時機了。

如同前文所說，P2E 遊戲不單是能賺錢的遊戲，甚至還能成為一種數位資產，讓我們在元宇宙上進行交易。

　　現在就讓我們來看一下，P2E 遊戲中有哪些具代表性的遊戲？要怎麼透過 P2E 來賺錢，而 P2E 又是怎麼跟 NFT 連結的？

21

不僅能交易道具，
還能買賣不動產

要怎麼透過遊戲來賺錢呢？傳統的方式有販售遊戲道具、販售遊戲中的金幣、販售帳號等。但 P2E 遊戲是只要登入遊戲並闖關，就能輕鬆賺到錢了。

接下來將會介紹一些專門在買賣元宇宙中不動產的遊戲，以及其他具代表性的 P2E 遊戲。

虛擬不動產遊戲

虛擬不動產遊戲是泛指能在遊戲中買賣土地、建築物等不動產的遊戲，其中又可以細分成「買賣虛擬遊戲中不動

產」與「買賣以現實世界作為基礎的遊戲」。

虛擬遊戲中不動產交易

如果遊戲想要吸引大家購買虛擬不動產，那就必須像現實世界中的不動產一樣具有「稀有性」。

分散式 3D 虛擬實境平台 Decentraland 就是一款能在虛擬世界中進行購買土地、經商等多樣活動的遊戲；此外，你也能販售自己的土地給其他的使用者。Decentraland 內總共只有 9 萬筆土地，如果要購買土地的話，就必須使用加密貨幣 MANA（見圖表 5-1）。

圖表 5-1　Decentraland 的 Markplace

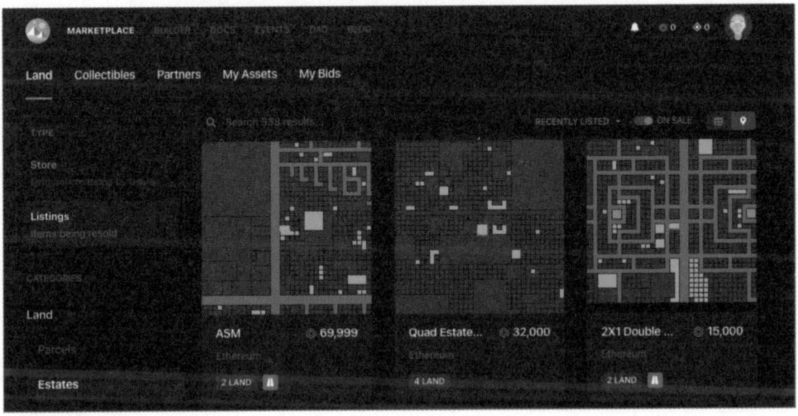

資料來源：Decentraland

2021 年 11 月 25 日，區塊鏈投資公司 Tokens.com 旗下企業「Metaverse Group」花了 29 億韓元（約新台幣 7,250 萬元）買下了 Decentraland 中的土地，同時也創下有史以來金額最高紀錄。而母公司 Tokens.com 也打算在 Decentraland 裡蓋一座高達 18 層樓的虛擬辦公大樓。

The Sandbox 同樣也是一款在元宇宙中買賣土地的遊戲（見圖表 5-2），有點類似以區塊鏈為基礎的《當個創世神》（*Minecraft*）跟《機器磚塊》。

圖表 5-2　The Sandbox 公開的限量版土地

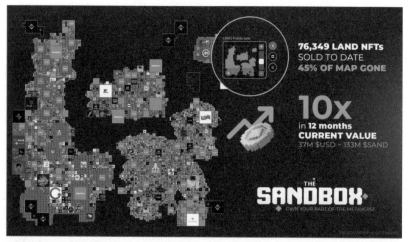

資料來源：The Sandbox

The Sandbox 目前只公開了 16 萬 6,464 筆土地，其中元宇宙投資公司 Republic Realm 以 430 萬美元的價格買下了其中一筆土地。

隨著越來越多人開始玩 Decentraland 跟 The Sandbox，早就出售的土地價格只會越來越高。只要有土地，就可以在上面建造房子；此外，也可以把這塊地租給其他公司或個人，進而收取租金。

正是因為這些土地的可塑性很高，無論做什麼選擇都能成為一種賺錢的手段，所以大家才會趨之若鶩地想要買下這些土地。

但是我們也得考慮風險才行，這些遊戲最大的風險莫過於，只要有更好的平台出現，這些玩家就不會再繼續待下去。只要有更好玩、能賺更多錢的遊戲出現，這些現有的玩家就很有可能會出走。

以現實世界為基礎的不動產遊戲

以現實世界為基礎所打造的不動產遊戲中，最具代表性的就是《第 2 個地球》（*Earth 2*）（見圖表 5-3）。

《第 2 個地球》透過 Google 地球的衛星地圖分割出一

塊又一塊「瓷磚」（Tiles）；此外，還賦予每一塊「瓷磚」
價錢並販售。

　　而在現實世界中本來就很搶手的地段，像韓國的江南
或是弘大等地區，即便是在虛擬世界，地段也早就被搶購一
空。《第 2 個地球》從一開始只能交易不動產，到現在已經
研發出可以在購買的不動產上獲得鑽石，以及在自己的土地
上蓋建築等新功能。

圖表 5-3　在虛擬地球上購買不動產的《第 2 個地球》

資料來源：Earth 2（https://earth2.io/）

　　除了《第 2 個地球》，同樣以虛擬不動產為賣點的遊戲
還有《ZQIWORLD》跟《元宇宙 2》（*Metaverse 2*）等，
這些遊戲也是先買地，再靠增建建築物、租售土地等方式增

加土地的價值。

然而，這些遊戲的潛在危機也跟 Decentraland 一樣，一旦有更有趣、更容易賺錢的遊戲上市，玩家就會瞬間喪失吸引力，外加因為這些遊戲都以現實中的不動產為基礎，若現實世界中這些不動產的價格有所波動，勢必也會跟著影響到遊戲中的價格。

因此大家如果想在遊戲中的土地上蓋建築物，並轉賣給其他人的話，就一定要先思考自己的建築物究竟有什麼特別之處，才能吸引大家花錢購買。

之後這種虛擬不動產的遊戲只會越來越多，身為投資者的大家一定要先慎重地比較、分析後，再進行投資才會比較安全。因為只要有越來越多相似的遊戲上市，就會導致這些土地重複出現在好幾個遊戲平台上，進而使得這些土地失去「稀有性」。

幫數十萬人賺到學費和生活費——《Axie Infinity》

《Axie Infinity》不僅是 P2E 遊戲，也是一款大眾最感

興趣的 NFT 遊戲（見圖表 5-4）。

圖表 5-4　獲得許多關注的 P2E 遊戲《Axie Infinity》

　　《Axie Infinity》跟《謎戀貓》一樣都能蒐集世界上獨一無二的精靈（Axies），兩者差別在於《Axie Infinity》的角色除了能跟其他角色戰鬥，還能解任務。

　　《Axie Infinity》的賺錢方式，可以透過販售角色來換取現金，如果在戰鬥中獲勝也能賺取遊戲幣進而轉換成現金。

　　《Axie Infinity》是 2018 年，一家位於越南的新創公司

Sky Mavis 所製作的遊戲，而這款已經上市兩年多的遊戲之所以能再次受到大眾關注，就是因為「玩遊戲也能賺錢」。

2021 年 5 月，有一支名為《菲律賓最流行的 NFT 遊戲》紀錄片被上傳到了 YouTube。從這支影片的內容就可得知，菲律賓有許多人光是靠著這款遊戲就賺到了平均月薪，甚至還有許多人只靠玩《Axie Infinity》所賺來的錢度日（見圖表 5-5）。

圖表 5-5 《菲律賓最流行的 NFT 遊戲》紀錄片畫面

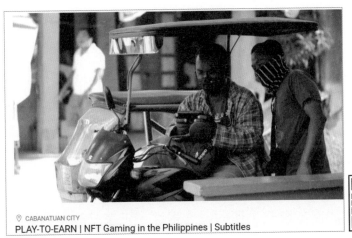

CABANATUAN CITY
PLAY-TO-EARN | NFT Gaming in the Philippines | Subtitles

資料來源：PLAY-TO-EARN YouTube

東南亞最主要的收入來源非觀光莫屬，可是隨著新冠肺

炎疫情的肆虐，使得這些國家的主要生計受挫，其中菲律賓因為這波疫情總共造成了 730 萬以上的人失業，光是年輕人就有三分之一沒有了工作。

「只要玩遊戲就能賺錢」這聽起來似乎很夢幻。一開始，大多數的玩家都是抱持著半信半疑的態度，可是隨著遊戲時間增加，有越來越多人靠著這款遊戲賺到了學費跟生活費，這也創造出菲律賓每天都有 35 萬人在玩這款遊戲的盛況。

《Axie Infinity》究竟是一款什麼樣的遊戲，又該怎麼玩呢？

在正式開始玩《Axie Infinity》前，必須先購買 3 隻精靈，因為之後必須靠這 3 隻精靈來打怪，或是跟其他玩家進行決鬥。只要打贏的話，就可以獲得遊戲代幣 SLP，而遊戲代幣則可以透過交易所換取現金；此外，遊戲代幣 SLP 也可以使角色彼此進行繁殖，誕生新的角色（見圖表 5-6）。

SLP 轉換成現金的匯率是隨著加密貨幣交易所而浮動的，只要加密貨幣交易所的匯率提高，玩家就能賺到更多錢。假設今天換到 10 萬韓元（約新台幣 2,500 元），明天也有可能會漲到 20 萬韓元（約新台幣 5,000 元）。

圖表 5-6　你可以在《Axie Infinity》的交易市場中買到精靈

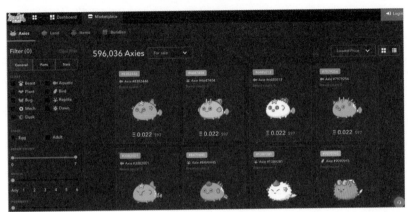

資料來源：《Axie Infinity》

　　此外，開啟這款遊戲其實非常簡單，你不需要擁有一台高效能的電腦，只要拿出手中現成的智慧型手機就能玩。

　　只不過這款遊戲有個進入障礙（Barriers to entry），那就是你必須先買 3 隻精靈才行。雖然角色可以輕易地在交易市場透過以太幣買到，但是最便宜的角色也要 97 美元，如果要一次買 3 隻的話，至少要花上 30 萬韓元（約新台幣 7,500 元）才能開始玩這款遊戲（先前以太幣升值時，還曾漲到 100 萬韓元）。

　　而《Axie Infinity》也存在著「土地」的概念，這款遊戲裡總共有 90,601 筆土地，只要買下遊戲內的土地，再透

過各式道具就能建造出升級的建築物，另外，在土地上也能獲得加碼的材料或遊戲幣，偶爾土地上也會出現名為喀邁拉的怪物，只要抓到它就能獲得一些特殊道具。

《Axie Infinity》的土地跟前文以現實世界為基礎的虛擬不動產比起來，《Axie Infinity》的土地相較之下更容易被活用，這也是為什麼《Axie Infinity》的土地能獲得更多關注的原因。

正因為《Axie Infinity》受到如此大的關注及喜愛，進而使得開發公司 Sky Mavis 的企業市值突破 300 億美元，成為既暴雪娛樂（Blizzard）、任天堂（Nintendo）、機器磚塊（Roblox）、美商藝電（Electronic Arts）後，位居全球第五的遊戲公司。

讓虛擬替身幫你控礦——《傳奇 4》

接下來是由韓國遊戲開發商娛美德所研發的遊戲《傳奇 4》（*MIR4*）。

《傳奇 4》於 2020 年 11 月在韓國上市，由於這款遊戲起初並沒有非常成功，所以有許多人甚至都不知道這款遊

戲上市的消息。

可是不到短短一年，2021 年的 11 月，這款遊戲就創下全球同時在線人數 130 萬人的驚人紀錄。娛美德的股價也從 2021 年 1 月的 19,200 韓元（約新台幣 480 元），最高漲到了 245,700 韓元（約新台幣 6,143 元）。

這款遊戲之所以會突然爆紅，原因其實相當簡單，那就是《傳奇 4》的國際版加入了 P2E 的元素，使得這款遊戲能「邊玩邊賺錢」（但在韓國的伺服器是無法賺錢的）（見圖表 5-7）。

圖表 5-7　《傳奇 4》國際版加入了 P2E，獲得許多人的喜愛

資料來源：娛美德

　　《傳奇4》跟《天堂》一樣都是 MMORPG 遊戲。如果《天堂》是以西方中世紀為背景的話，那《傳奇4》便是以東方為背景。

　　在《傳奇4》中，玩家可以挖掘名為「黑鐵」的煤礦，只要集滿 10 萬個黑鐵，就能兌換 1DRACO*的遊戲幣，而這個 DRACO 幣則可以兌換成娛美德旗下的虛擬貨幣 WEMIX†，WEMIX 只需要透過加密貨幣交易所就可以兌換成現金。

　　也就是「10 萬黑鐵 → 1DRACO → WEMIX → 現金」這四道手續。只不過 1DRACO 並不等同於 1WEMIX，因為加密貨幣的匯率會隨著加密貨幣交易所而浮動。

　　通常大家都會將利用電腦演算獲得比特幣稱為「挖礦」，但《傳奇4》是真的要把自己的虛擬替身帶到礦山上挖礦，才能賺到錢。

　　在《傳奇4》中努力挖礦的話，一個月大概能賺到 40 萬韓元（約新台幣 1 萬元），每天花大量的時間玩遊戲，一個月卻只能賺到 40 萬韓元，聽起來可能不是筆划算的交

---

* 《傳奇4》遊戲中，透過挖取遊戲道具「黑鐵」兌換 DRACO 幣，DRACO 幣可以轉換成在加密貨幣交易所買賣的 WEMIX 加密貨幣。
† 韓國遊戲公司娛美德發行的加密貨幣。

易。但在東南亞跟南美地區，這筆錢卻已經是相當可觀的數
目了，也正因如此，這款遊戲在菲律賓才會有壓倒性的搜尋
量（見圖表 5-8）。

圖表 5-8　菲律賓對《傳奇 4》的興趣遠高於其他國家

資料來源：Google 搜尋趨勢

　　遊戲開發商娛美德，打算在 2022 年底前在 WEMIX 平
台上，上架至少 100 款的遊戲，同時也打算讓平台上的所有
遊戲都使用 WEMIX 幣，當作它們的基本貨幣。

　　娛美德也馬上收購了以《Anipang》這款遊戲打響名
號的 SUNDAYTOZ，並與手機遊戲《奇蹟 MU》（*MU
ORIGIN*）的開發公司網禪（Webzen）簽訂合約。相信之後
在 WEMIX 平台上一定會出現更多不同風格的遊戲。

完成每天任務即可賺幣 —— 《無限突破三國志》

韓國國內也出現一款能夠邊玩遊戲邊賺錢的遊戲，那就是由韓國遊戲公司 Natris 所開發的《無限突破三國志》（*Mudol Rebirth*）。有別於前文所提到的《傳奇4》只有國際版才具有 P2E，《無限突破三國志》即便是在韓國國內也可以邊玩遊戲邊賺錢，韓國玩家不需要像玩《傳奇4》時一樣，還需要特地跨伺服器才能玩。

《無限突破三國志》是款以三國為背景的遊戲，但這款遊戲跟一樣是以三國為背景的戰略遊戲《三國志 II》、《三國志 III》比起來，《無限突破三國志》更像是射擊遊戲。

玩家必須先在遊戲中選三位武將，例如關羽、張飛、劉備等，才能繼續進行遊戲，大家可以邊玩遊戲邊獲得其他的武將，也可以透過抽獎獲得想要的武將，甚至還可以花錢直接買自己想要的角色。

若《傳奇4》是靠挖礦來賺取金幣，那《無限突破三國志》就是靠通過「每日任務」來賺取遊戲金幣。每天只要完成「擊殺 500 名敵人」、「完成補給倉庫」等 8 個任務後，就能獲得 50 個「MUDOL 幣」（無限突破幣）。

　　大家可以將獲得的金幣拿到「KLAYswap」上兌換成
加密貨幣 KLAY，而 KLAY 則可以儲存在通訊軟體 Kakao
Talk 原先就有的加密貨幣錢包「Klip 錢包」（見圖表
5-9）。唯一美中不足的是 KLAY 不能直接兌換成現金，所
以大家還得去像是 Bithumb 等承認 KLAY 的加密貨幣交易
所，才可以兌換成現金。

圖表 5-9　大家可以在 KLAYswap 上把 MUDOL 幣換成 KLAY

資料來源：KLAYswap

　　MUDOL 幣兌換成 KLAY 的匯率每天都不太一樣，
如果 1KLAY 可以換成 1,200 韓元（約新台幣 30 元），50
MUDOL 幣大概可以兌換成 800 韓元（約新台幣 20 元）。
　　《無限突破三國志》可以賺錢的消息傳開後，遊戲的在

線人數從原本 2021 年 11 月 28 日的 3,000 人，一週就馬上暴增到了 17 萬人。

然而，現在《無限突破三國志》的 P2E 版本卻被迫下架，因為在韓國，P2E 遊戲仍屬違法，所以遊戲物管理委員會在得知消息後，馬上就下達「取消分級」的命令，而開發公司 Natris 也隨即提出了異議申請，卻遭到駁回，不服這個決定的 Natris 決定要繼續透過法律訴訟跟政府抗爭到底。

遊戲幣不算是 NFT

了解具代表性的 P2E 遊戲後，我們可以知道，如果要將遊戲中的道具轉換成現金，還必須先經過兌換成遊戲幣這個步驟，以及 P2E 遊戲在韓國雖然違法，但仍然有許多玩家趨之若鶩。

那麼 P2E 遊戲究竟跟 NFT 有什麼關係呢？單就結論來看，其實並不是所有 P2E 遊戲都能活用 NFT，像《無限突破三國志》裡的 MUDOL 幣就不能算是 NFT，因為只有遊戲裡的土地、道具等才能被製作成 NFT，因此遊戲幣不算在這範疇中。

　　如果將 NFT 運用在遊戲中，那麼遊戲裡的角色、道具、房子、土地等就能產生稀有性，越是稀有的物品，就越有機會賣出高價。其中既把 NFT 運用在遊戲中，又運用得最好的，莫過於是娛美德旗下的交易所 XDRACO（見圖表5-10）。

圖表 5-10　娛美德旗下的 NFT 交易所「XDRACO」

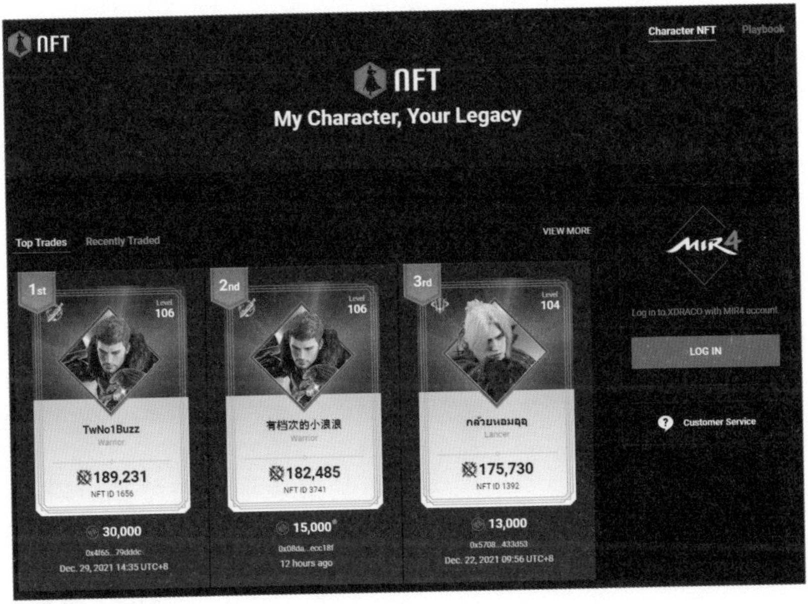

資料來源：XDRACO

　　2021 年 12 月，一個名為 XDRACO 的 NFT 交易所正

式開張，XDRACO 主要是在買賣遊戲道具和角色，只要是《傳奇 4》的玩家，就可以將自己的遊戲道具拿到 XDRA-CO 上販售。

XDRACO 開張後，創下平台歷史交易金額最高的道具是傳說級武器「和諧龍劍」（Harmony Dragon Sword），這個道具最終以 8 萬 1,976 美元的高價售出，而這些道具在被出售前，都會先被做成 NFT 才會進行交易，所以大家不用擔心它的交易安全性。

此外，XDRACO 還提供幫賣家把角色製作成 NFT 的服務，曾有一個角色以 1 億 3,000 萬韓元（約新台幣 325 萬元）的價格售出。

XDRACO 的交易手續費是 5%，所以每當有遊戲道具或角色被售出時，娛美德就能賺取額外的收入，而玩家也可以透過這個官方平台，將自己投入在遊戲上的時間與金錢，轉化成對等的報酬。

XDRACO 的出現，相信會帶動更多相似的遊戲紛紛活用 NFT，並透過更安全的方式來販售遊戲裡的角色。

22

邊玩邊賺有哪些優點與缺點？

接下來就讓我們從玩家及遊戲公司的角度，來探討 P2E 究竟有什麼優點？而 P2E 的發展又會衍生出什麼問題。

玩家的好處

站在玩家的角度來看，最大的優點莫過於是能邊玩遊戲邊賺錢。雖然我們可能會覺得玩一個月只賺 300 ～ 400 美元的收入根本微不足道，但在其他人眼裡，這筆金額已經算是相當不錯了，尤其是因為新冠肺炎疫情而失去工作的人，如果能靠玩遊戲來維持生計的話，那他們短期內就不需要擔心生計，或是找不到工作了。

雖然透過遊戲來賺錢並不是什麼新鮮事，但近期出現的 P2E 遊戲有兩個之前沒有的特點：1. 能與 NFT 結合；2. 交易具便利性。

大家可以把透過 P2E 遊戲所獲得的角色和道具製作成 NFT 後，安全地販售給其他人，換句話說，大家花費時間與金錢所換來的物品（角色、道具等），除了能獲得所有權的認可，同時也能將那些物品轉換成現金，這無疑是吸引玩家的最大優點。

大家可能很好奇，將角色與道具做成 NFT 後販售，跟透過 itemBay 第三方遊戲交易所販售，究竟有什麼差別？

其實在一般的遊戲裡，無論是我們獲得的道具或是花錢買的道具，這些道具的所有權都不屬於我們，而是屬於遊戲公司。根據韓國網路遊戲公司 NCsoft 的條款，無論是關於遊戲內容的著作權或其他範疇的智慧財產權，全都歸遊戲公司所有。

論及會員義務條款時，也有提到「禁止將遊戲資料（帳號、角色、遊戲道具等）透過非本公司所認證的方式、不正當手段，將其轉換成有償（轉讓、買賣等）、贈與或改變權利客體（提供擔保、租賃）」。

因此只要我們在 itemBay 上交易的話，遊戲公司隨時都

有權利把我們的遊戲帳號停權（只是現在的遊戲公司大多都選擇睜一隻眼閉一隻眼罷了）。

然而，只要把遊戲角色與道具製作成 NFT，這些物品的所有權就會歸屬於玩家。雖然跟 NFT 藝術一樣，著作權仍然是屬於遊戲公司的，但製作成 NFT 後「所有權」將不再屬於遊戲公司。

凡是被製作成 NFT 的道具，就會產生稀有性及永久性。假設你今天買了一把限量發行的劍，可是幾天後遊戲公司突然推出同一把劍，又說「這次真的是限量版」且重新販售，你的劍就會失去它的稀有性，可是只要把劍製成 NFT，它就能成為獨一無二的劍，而你今後也不需要再擔心這類問題。

即便之後遊戲公司倒閉了，那些 NFT 道具都還是屬於你的，所以也不用擔心公司倒閉道具就會消失的問題（只是你所持有的道具必須也能應用在其他遊戲上，否則將會失去它在市場上的價值）。

前文提到的會員義務條款中「禁止將遊戲資料透過非本公司所認證的方式、不正當手段，將其轉換成有償」，換句話說「只要是本公司認證、只要是正當手段，就可以將遊戲資料轉換成有償」。

正因如此，使得遊戲公司旗下的 NFT Marketplace 有了不凡的意義。大家只要在各家遊戲公司旗下的 NFT 交易所進行交易，就不需要再擔心安全性的問題。尤其是當大家不想再玩這款遊戲時，可以透過販售自己辛苦培養的角色，以及花錢買來的道具，回收一些之前投資在這款遊戲上的金錢與時間。

對遊戲公司的四大優勢

其實從遊戲公司的角度來看，P2E 遊戲一樣也擁有著許多優點。以下將簡單分成四大點來說明：

吸引新玩家及維持舊玩家

只要強調「可以透過玩遊戲來賺錢」，縱使遊戲公司沒有特地花錢宣傳，依舊能吸引到許多新玩家來玩遊戲。只要大家意識到這款遊戲可以讓他們一直賺錢，即便遊戲公司不開發新的故事線、新的遊戲，這些玩家也有動力繼續玩下去。

公司的股價上漲

只要遊戲成功的話，公司的市值和股價也會直線上升，娛美德就是最好的例子，而股東跟投資者一定也樂見這樣的發展。

可以控管遊戲幣

因為遊戲幣不是現實世界中的貨幣，所以遊戲公司可以任意地製造遊戲幣。遊戲幣一開始並沒有限定總量為多少，所以遊戲公司可以隨時製造出他們所想要的遊戲幣數量，並且將那些遊戲幣都轉換成現金（當然並不是每款遊戲都適用），但這樣的行為有可能會造成遊戲幣的價格崩跌，所以操作上還是謹慎一點會比較安全。

有機會擴大市場

如同娛美德針對他們新平台的策略，只要可以製作出一款使用所有 NFT 道具和遊戲角色的遊戲，市場上自然就會產出更多的 NFT 角色及道具，就像現在的 Chrome 應用程式商店跟 App Store 一樣，娛美德此舉將可能成為所有遊戲平台上的霸主。

P2E 遊戲的兩大缺點

遊戲淪為一種勞動

在菲律賓 P2E 紀錄片中，玩家說：「我們真的很努力地在玩遊戲。」看在我眼中，他們的行為早已不是為了開心才玩，而是將遊戲視為一種工作。

大家之所以會去玩遊戲，就是為了從中得到樂趣，如果遊戲加入了賺錢的元素，那玩遊戲就會變成一種勞動。

如果用遊戲賺錢的規模逐漸擴大，就會開始有人為了要賺更多錢，去雇用別人來幫他玩遊戲。在《天堂》全盛時期，就有人用低廉的薪水去雇用一些工讀生，幫他們賺遊戲裡的遊戲幣跟道具，甚至近幾年，也有許多人利用「自動點擊」（Auto Clicker）的技術，同時讓好幾台電腦 24 小時「玩遊戲」。

在以元宇宙概念為主題的電影《一級玩家》（*Ready Player One*）中，也有名為「忠誠中心」（Loyalty Center）的地方，專門監禁欠債的一般人，並逼迫他們在遊戲裡工作，償還債務。

為了賺錢而玩遊戲的人，跟單純為了享受遊戲而玩遊戲

的人，最終雙方一定會產生衝突。雙方可能會為了匯集勢力而去干涉遊戲，之前在《傳奇 4》裡，就曾發生過有人刻意去阻擋他人挖黑鐵。

當干涉遊戲的事件越來越常發生，失去興致的玩家也就只能離開遊戲。像是 2012 年暴雪娛樂所開發的《暗黑破壞神 III》（*Diablo III*）就曾經發生過「拍賣場事件」*。

當遊戲可以賺錢後，獲得遊戲道具時的快樂就會消失，大家只會處心積慮地獲得可以拿去賣的道具；此外，帳號被駭客入侵的機率也會大幅增加。因為這些理由，最終暴雪娛樂在 2014 年將《暗黑破壞神 III》的拍賣場給全面關閉。

如果在玩遊戲獲得樂趣的同時還能賺到錢的話，玩家何樂不為？雖然我們很難猜到大多數的玩家會選擇樂趣還是賺錢，但遊戲業者絕對不能忽視 P2E 遊戲背後的隱憂。

遊戲幣價格失控

其實，已經有許多遊戲裡的貨幣能媲美現實中的貨幣，因此只要稍一不慎，遊戲幣就有可能跟現實世界一樣，產生

---

* 《暗黑破壞神 III》初期設有現金拍賣場與金幣拍賣場，但後來有大量玩家直接選擇利用交易提升自己，背離了遊戲的核心概念，因此暴雪後來將它們全面關閉。

通貨膨脹或通貨緊縮的問題。縱使遊戲公司早就在現金跟遊戲道具的模糊地帶裡學過不少教訓，然而，時至今日卻依舊有許多遊戲公司時常出錯。

　　其中最著名的事件，莫過於 2021 年初，遊戲公司 NCsoft 旗下的遊戲《天堂 M》所引發的「紋樣事件」。如果要完成《天堂 M》裡的紋樣，至少要花上 4,000 ～ 5,000 萬韓元（約新台幣 100 ～ 125 萬元）。

　　然而問題就出在，花錢的玩家跟沒花錢的玩家之間的等級越差越多，使得遊戲公司 NCsoft 不得不去更新遊戲，好讓玩家可以花更少的錢（約 500 萬韓元）就能集滿紋樣，進而拉近玩家之間的等級差距。

　　消息一出，一名至少已經花了 70 億韓元（約新台幣 1 億 6,000 萬元）在遊戲上的玩家，就揚言要無差別的 PK（屠殺）其他的一般玩家。此舉自然會造成其他玩家不敢玩遊戲，影響的層面也從有花錢課金的玩家擴大到一般的玩家。

　　而遊戲公司 NCsoft 也以「還原」（Rollback）的方式要讓遊戲恢復原狀，可是這手段卻會導致這段期間以打折價格集滿紋樣的玩家，失去他們已經蒐集到的紋樣。公告一發出，馬上又引發更多玩家的不滿，最終 NCsoft 只好答應要賠償每一位玩家。

　　然而仍舊有一些玩家覺得 NCsoft 的賠償沒有誠意，最終他們以開車包圍 NCsoft 總公司停車場的方式，捍衛自身的權益，在那之後，玩家也依舊不買單 NCsoft 的處理方式。遊戲公司很難掌控遊戲所衍生出來的問題，而 NCsoft 的紋樣事件就是活生生的例子。

　　光是遊戲裡的道具就可以引發這麼多複雜的問題，如果遊戲公司還得花心思去控制交易所裡遊戲幣的價格，可想而知這對遊戲公司的負擔會有多大。

　　舉例來說，如果今天遊戲公司透過活動，免費發放遊戲幣，遊戲幣的價值就會下跌，進而導致購買遊戲道具時，必須花上更多的遊戲幣；如果加密貨幣交易所中，遊戲幣的價格突然暴漲，大家就必須蒐集更多像是黑鐵的道具，才有辦法轉換成現實中的現金。

　　而這種手段，也有可能會間接造成遊戲公司的形象變差，大家會逐漸把這家公司視為都在製作一些無聊的遊戲、專門靠販售道具，以及控管遊戲幣價格來賺錢。而這形象一旦根深蒂固就很難再去改變了。

　　正因為 P2E 遊戲有這些缺點，如果遊戲公司不好好想出解決辦法，別說是新玩家了，就連老玩家都有可能會因此

出走，最終導致遊戲公司的收益大幅下跌。而遊戲公司最大
的課題就是在維持收益的同時，還能兼具遊戲的趣味性。

23

出現反對的聲音，
也衍生法律問題

　　本章整理了 P2E 遊戲究竟是什麼、P2E 遊戲的優點和
缺點，同時也衍生出對 P2E 的反對意見；此外，還探討了
真正有趣的遊戲本質究竟是什麼等問題。

　　接下來將會再次整理 P2E 現在所面臨到的法律問題，
以及 P2E 遊戲曾經出現過的爭議。

沒有明定法規，遊走法律邊緣

　　2009 年 12 月，韓國的最高法院認為將《天堂》裡的
「金幣」（Adena）兌換成現金的這件事，並沒有違反《遊

戲產業促進法》，進而宣判販售金幣的人無罪，換句話說，這代表法院認為將天堂裡的遊戲幣「金幣」換成現金的行為並無違法。

　　光憑這個判決，並不代表今後所有用現金交換道具的行為都一樣不會犯法，可是這個判決也間接讓所有的玩家，都可以繼續遊走在法律邊緣。

　　此外，還有一起判例值得我們探討。這是一起關於韓國遊戲開發公司 Skypeople 旗下遊戲《Five Stars for Klaytn》的案件。韓國遊戲物管理委員會以投機性為由，取消了這款遊戲的分級制度，同時也代表這款遊戲無法再繼續上架，而 Skypeople 也聲請了假處分，要求政府在訴訟期間先不要下架這款遊戲，因此在確定違法的判決出來前，政府都不得下架這款遊戲。

　　這起判例之所以重要，是因為只要 Skypeople 勝訴的話，韓國國內就可以合法玩 P2E 遊戲了。原先預計是在 2021 年底進行開庭，可是卻被延後，這段期間除了爆發《無限突破三國志》被下架的事件，同時也上架了許多十分類似的 P2E 遊戲。

　　相信此刻韓國法院一定也覺得十分頭痛，但他們究竟會選擇改革還是規範呢？這個答案仍需要我們的持續關注。

📟 衍生出三大不能忽視的問題

接下來就讓我們透過 P2E 遊戲曾經發生過的爭議，來探討今後有哪些地方是需要我們多加留意的。

P2E 遊戲所涵蓋的爭議不僅只有政府許可與否，它所衍生出來的問題還有可能會影響之後 NTF 的交易，所以我們絕對不能小覷 P2E 遊戲所帶來的影響。

不可忽視的課稅問題

其實，現在遊戲道具的所有權都不屬於我們，而是屬於遊戲公司，我們只是先跟遊戲公司「借來用」而已，將所有權不屬於自己的遊戲道具拿來交易的這件事，其實稱不上是「交易」，只是把借來的東西給「轉讓」出來罷了。

但只要把遊戲道具做成 NFT，玩家就可以名正言順地「擁有」它了。當遊戲道具變成個人財產，政府就可以把遊戲道具視為課稅的對象；此外，買賣遊戲道具時，獲得的利潤也能成為政府課稅的對象之一。

遊戲道具的永久性問題

因為現在的遊戲道具都是歸屬遊戲公司所有，所以只要遊戲公司一倒閉，玩家在這段期間所花費的金錢及時間都將化為烏有。然而只要把遊戲道具製作成 NFT，這個遊戲道具的所有權就會是玩家本人，縱使之後遊戲公司倒閉，也不再需要擔心道具會跟著消失。

現在也有許多遊戲業者，正在研發將在甲遊戲所買的道具，放到乙遊戲上也能玩的方法。像是目前 NAVER Z 就在測試將 ZEPETO 裡製作的遊戲道具，放到 The Sandbox 上使用；而在娛美德推出的 WEMIX 平台上，也可望能見到在一個遊戲裡使用各種不同遊戲的道具。

跟錢相關的問題

跟錢相關的問題可以分成三方面來探討，首先已經有許多類似於娛美德的遊戲開發公司，讓玩家可以在平台上的各個遊戲中使用同一種遊戲幣。可是這種情形有可能會導致，在 A 遊戲裡挖礦 3 小時所換到的遊戲幣，在 B 遊戲裡只需要花 1 小時。要把每款遊戲的難易度都調整一致，實在是相當有難度的一件事。

另外，還有將遊戲幣兌換成現金的問題。如同政府為了挽救經濟可能會大量發鈔一樣，如果遊戲公司調整遊戲幣的供給量，除了會影響到遊戲幣可以被兌換的價格，就連遊戲裡的貨幣價值也有可能會連帶受到影響。假如遊戲公司為了賺錢，發行更多的遊戲幣，將有可能會引發一連串的蝴蝶效應。

最後海外結帳及貨幣兌換也有可能會產生不小的問題。如果將透過國際版遊戲所賺來的遊戲幣，換成加密貨幣後再兌換成現金，就有可能會違反外匯交易法。

正因為 P2E 遊戲還有著這麼多需要謹慎思考的問題，所以才很難替 P2E 遊戲的未來下定論。

其中美國數位發行平台 Steam 跟美國遊戲開發公司 Epic Games 針對 P2E 遊戲，各自有不同的應對方式。Steam 的營運公司維爾福（Valve）禁止任何遊戲使用以區塊鏈為主的虛擬財產，也禁止任何發行 NFT、交換 NFT 的遊戲上架到 Steam。

但 Steam 在早期其實允許過玩家使用比特幣購買平台上的遊戲，只是不到 8 個月，2017 年 12 月，Steam 就以高昂的手續費及價格不穩定為由，禁止所有人使用比特幣。

　　而開發《要塞英雄》這款遊戲的美國遊戲開發公司 Epic Game 則是發表聲明：「只要遵守相關法規、公開條款，以及年齡分級限制就歡迎任何以區塊鏈為基礎的遊戲在平台上發行。」

　　這樣看下來，似乎多少能理解為什麼韓國的遊戲物管理委員會明知道業界希望政府改革法規，他們卻仍舊對 P2E 遊戲抱持著如此保留的態度。

　　可是遊戲業者的態度不該再繼續反覆不定，必須著手思考這些爭議該如何解決，就連政府及玩家都應該要參與討論才行。已經沒有時間再讓推遲這項議題了，在全球瘋 P2E 的此刻，遊戲業者必須趕快定出能保障玩家基本權益的措施，並負起業者該負的責任。

第 **6** 章

存在泡沫化危機，
也帶來新契機

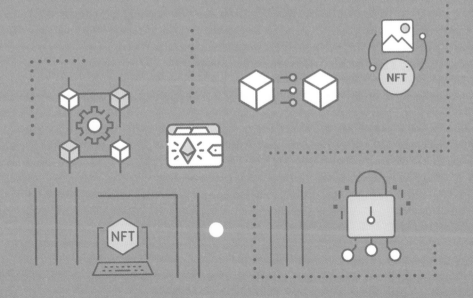

24

急速發展，卻尚未全面普及

　　在了解完 NFT 的種類、交易所，還有各種可以運用 NFT 的領域後，相信大家一定看的眼花撩亂吧？是否感覺生活將產生巨大的變化，卻又好像還離我們很遠。其實會產生這種想法是很正常的，因為大多數人都還沒真正感受到 NFT 對我們造成的影響。

　　接下來，就讓我們來分析究竟是什麼原因，才導致我們遲遲不敢投資 NFT，而今後 NFT 又會以什麼樣的形式，被運用到我們的生活中。

一般人不敢投資 NFT 的理由

對 NFT 一知半解

　　NFT 藝術通常都是以十幾萬韓元為單位在交易，甚至有些作品還可能高達好幾百億韓元，正因為 NFT 藝術的門檻過高，才導致我們無法輕易去碰觸這個領域。

　　從藝術家的角度來看，當他們聽見身旁的其他藝術家進軍 NFT 市場時，一定會陷入「NFT 真的能讓我賺錢嗎？」的疑問中，而一般人可能會產生「我要不要去投資？」的想法，進而收購一些比較便宜的 NFT 作品。

　　可是一切也就僅止於此而已，我們不會發生電視新聞上所報導的奇蹟，一夕之間作品升值了幾十倍、幾百倍。正因如此，才導致一般大眾及藝術家始終對投資 NFT 藝術，抱持著遲疑和陌生的心態。

　　而 NFT 中，最容易入門的則是 NFT 收藏品。在 NBA Top Shot 或 DooVerse 等專門販售運動明星球員卡的平台上，購買幾張自己喜歡的運動明星球員卡，似乎比購買 NFT 藝術更有意義。因為球員卡的價格不貴，且多數人平常就有在關注運動明星，這個領域比起藝術品更貼近他們的

生活。

　　但不可否認的是，有許多收藏家不是為了要蒐集自己喜歡的球員卡，而是在意這些球員卡之後能不能賣個好價錢（見圖表 6-1）。

圖表 6-1　DDI 正式在 DooVerse 上設立 NFT Marketplace

資料來源：DooVerse

　　而 CryptoPunks 這類型的收藏品，它只能給予收藏家擁有這幅作品的滿足感，以及擁有稀有收藏品的優越感罷了。這類型的收藏品大多只是 8 位元的圖檔，不像是 NFT 藝術能感動他人，甚至也算不上是多有意義的作品，卻仍有許多

有錢人願意花好幾百萬韓元買下，這也使得霧裡看花的一般大眾更加不敢輕易接觸這領域。

而迷因更令一般人費解，收藏家花費鉅額只為了買下一張「梗圖」，說明白一些，背後多只是虛榮心作祟跟炫耀心理罷了，另外，對一般人而言，虛擬不動產跟遊戲道具也只是稍縱即逝的海市蜃樓。

大眾對於投資 NFT 都抱持著「雖然還不是很懂，但聽說能賺到錢」搖擺不定心態，因此一般大眾才不敢大膽投資 NFT。

認為遲早會泡沫化

另一個造成一般民眾不想投資 NFT 的原因是，就算不知道 NFT，也不會對我們的日常生活造成影響。縱使我們不懂 NFT，藝術市場也不會就此消失、收藏品也不會因此沒落，迷因不會不見。這也導致大眾的想法從一開始的「NFT 好像是很厲害的東西」漸漸演變成「NFT 遲早會泡沫化吧」。

就像 17 世紀的荷蘭，曾因為過度投機鬱金香，造成鬱金香狂熱；1990 年代，只要在公司名稱後面加上

「.com」，就可以讓公司股價大幅飆升的網際網路泡沫事件。有許多人都認為這次的 NFT 風潮就跟這兩起投機泡沫事件一樣，遲早都會泡沫化。

但 NFT 真的會泡沫化嗎？回首 2021 年的一些 NFT 爭議，其中還真的有一小部分已經泡沫化了。即便 NFT 具有稀有性跟唯一性，但這也不足以成為它們可以把售價炒得那麼高的理由。

大眾該如何活用 NFT ？

未來，跟 NFT 有關的企業又該何去何從呢？就算 NFT 真的泡沫化了，也不能否定它真的為我們的未來帶來了嶄新的改變。

雖然 NFT 藝術和 NFT 收藏品動輒就天價，使一般大眾很難接觸到這一塊市場，但 NFT「能證明所有數位化的物品，都不曾經歷偽造及變造」，替我們的日常生活帶來了新的可能性。

縱使 NFT 數位資產存在泡沫化的危機，但 NFT 同時也造就了全新的機會及可以被活用的可能性，而這點也是大

多數人都一致認同的。

　　雖然 NFT 藝術跟蒐集品，基本上是加密貨幣投資者和有錢人的領域，但 NFT 今後絕對可以進到一般大眾的生活中，讓所有人都能活用。其中最先被應用的領域應該是精品認證、偶像明星的粉絲認證、保證書以及委任狀等各種書面認證。

　　相信再過不久，無論是自傳、履歷表，或二手物的正品認證，都能透過發行 NFT 來代替書面的證書。

　　接下來，讓我們一一了解 NFT 是怎麼被活用至這些領域之中的吧。

25

靠 NFT 證明名牌是不是假貨

　　提到愛馬仕（Hermès）、古馳（GUCCI）、巴寶莉（Burberry）等精品品牌時，大家腦海中會浮現什麼樣的印象呢？是不是覺得既時尚又很有氣質？其實這些精品企業也想一直維持著這種高貴的形象，只是人們的想法與需求不斷改變，父母那一代的精品，有可能已經不是我們所認知的精品；而我們現在熟知的精品，也不一定會成為下一代追求的對象，因此精品業也需要尋求改變。

　　創立於 1856 年的 Burberry，曾一度因為銷售狀況不佳而被百貨公司撤櫃。只要被大眾冠上「很老氣」、「不夠流行」的標籤，就很容易使精品的價值跌落谷底。

　　2006 年，Burberry 執行長安琪拉・阿倫茲（Angela

Ahrendts），就為 Y 世代*做出了「數位轉型」，包括重新設計官網、訂製客戶想要的雙排扣風衣款式、積極透過社群網站宣傳等，使得 Burberry 的銷售額從 2006 年的 1 兆900 億韓元（約新台幣 475 億元），成長到 2015 年的 3 兆7,000 億韓元（約新台幣 925 億元），九年間整整成長了330%，可說是企業起死回生的最佳範例。

運用數位轉型這個策略的精品品牌不只有 Burberry，在當時，所有的品牌都爭先恐後地跟著轉型，因為這儼然已經成為所有精品企業的生存策略。

精品跨足元宇宙及 NFT

2021 年起，元宇宙成為了全世界的新趨勢，精品品牌毫不猶豫地踏入這個新領域，並從中吸取經驗，進而使整個市場產生改變。明明精品企業就算不碰這一塊，也不會影響到銷售，究竟為什麼這麼積極地跨足元宇宙及 NFT 呢？後文將透過四個層面來分析。

---

* 指 1980 年代和 1990 年代出生的人。

因為元宇宙裡有他們的顧客

其實從銷售的角度來看,這是再正常不過的決定。無論顧客在哪裡,那裡就一定要有商品,如同前文提過的 Burberry,如果現在的 MZ 世代*跟阿法世代所習慣的空間是元宇宙,那精品品牌就得搶先一步在元宇宙上布局,好讓這些顧客熟悉品牌(見圖表 6-2)。

圖表 6-2 GUCCI 入駐 ZEPETO 世界

資料來源:ZEPETO

---

* 千禧世代與 1995 年後出生的 Z 世代統稱。

元宇宙能成為嶄新的消費市場

網路科技公司 Meta 的執行長馬克・祖克柏（Mark Zuckerberg）曾經提到，「虛擬替身」（Avatar）在元宇宙裡將扮演著舉足輕重的角色。因為當人們正式玩遊戲前，會花很長的一段時間，製作一個跟自己長得很像的虛擬替身。

現實世界裡，我們可能會因為新冠肺炎這類型的疫情，導致我們無法外出認識新朋友，但是在元宇宙裡，我們的虛擬替身可以隨時代替自己去認識其他人。正因為虛擬替身代表著我們，所以好好裝扮自己的虛擬替身，也成為理所當然的事。

花錢在虛擬替身上，又被稱為 D2A（Direct To Avatar），而這個市場也從 2017 年的 300 億美元，一路躍升到 2022 年的 550 億美元，商業雜誌《富比士》（Forbes）也十分看好虛擬替身的未來。

正因為虛擬替身的市場不斷擴張中，所以精品品牌自然不可能錯過這個機會。雖然元宇宙才剛開始，目前還很難從中獲取可觀的利潤，但隨著越來越多人開始打扮起自己的虛擬替身，有著「稀有性」這個特點的精品服飾與配件，自然而然就能吸引到更多人的注意。

　　人們在現實世界中之所以會花大錢購買精品，就是為了擁有精品的優越感，這個想法，就算進入元宇宙也是相同的，所以各家精品都力求在元宇宙中販售的商品，能使買家的虛擬替身跟一般使用者產生出差異化。

能連接現實世界

　　其實這些精品品牌，也能將現實世界中既有的商品，拿到元宇宙中販售進而造成話題，像是在《機器磚塊》中，GUCCI 所販售的「MATELASSÉ」單肩包，就是現實世界中真的存在的包款；此外，手機遊戲《網球傳奇》（*Tennis Clash*）裡，遊戲角色身上所穿的衣服跟鞋子則是先發行虛擬版本後，才被做成了現實世界中的產品（見圖表 6-3）。

NFT 能夠解決假貨問題

　　如果將 NFT 的概念運用在精品上，就能讓消費者清楚地掌握這個商品的來歷，NFT 絕對能成為精品最完美的商品保證書，今後各品牌將不再需要擔心紙本保證書會產生的各種問題，像是偽造、變造、遺失等。

　　就像現實世界裡會有假貨一樣，元宇宙世界也肯定會

圖表 6-3　GUCCI 跟手機遊戲《網球傳奇》合作

資料來源：Wildlife

出現假貨，但精品企業若能提前進軍到元宇宙中，並使用
NFT 來當作保證書的話，這些品牌無論是在現實世界或元
宇宙中，都能一併解決假貨的問題。

　　接下來就透過實際的例子來看，各家精品在元宇宙裡
做了什麼，他們又是怎麼透過 NFT 來解決現實世界中保證
書的問題。

不落人後的國際品牌

　　首先手腳最快的品牌是 GUCCI，2021 年 6 月底，GUCCI 在《機器磚塊》上以 35 萬 Robux[*]（約 4,115 美元）的價格成功售出一款名為 Dionysus Bag 的包包（2021 年 11 月售價已經降為 25 萬 Robux）。

　　而這款包包獨特的地方在於，這個花樣的包款只存在於《機器磚塊》上。這也是「Gucci Garden」當初進駐《機器磚塊》時，以 475Robux（約 5 美元）曾經販售過的商品（見圖表 6-4）。2021 年 11 月底，《機器磚塊》還舉辦了「2021 年時尚大獎」（The Fashion Awards 2021）。

圖表 6-4　GUCCI 在《機器磚塊》上設立了「Gucci Garden」

資料來源：Roblox

---

* 　《機器磚塊》中的錢幣。

　　此外，GUCCI 也跟元宇宙遊戲平台 ZEPETO 合作，並在裡面打造一座「Gucci Villa」，同時也在這個平台上販售虛擬替身的衣服。

　　很多人會好奇，GUCCI 是在 2021 年才突然對元宇宙產生興趣的嗎？實則不然，GUCCI 早在 2019 年就研發出一款可以虛擬試穿的 App，消費者就算不出門，也能在家輕鬆試穿 GUCCI 的鞋子，同時還能拍下自己虛擬試穿鞋子的模樣，甚至也可以直接透過 GUCCI 的官網購買自己想要的商品（見圖表 6-5）。

　　從這些例子中就可以看出，GUCCI 早就瞄準並且已經準備好要全面進軍元宇宙及 NFT 市場了。

　　而路易威登（Louis Vuitton）則是選在 2021 年 8 月 4 日，LV 創辦人 200 歲誕辰的日子，發行了一款名為「LOUIS THE GAME」的 App，這款 App 是以 LV 吉祥物 Vivienne 為主角的遊戲，只要成功闖關 7 個地區並完成任務就能夠獲得 NFT（見圖表 6-5）。

　　其實早在 LV 跟線上戰鬥技術型遊戲《英雄聯盟》合作推出聯名商品時，就可以看出 LV 絕對不會缺席元宇宙這塊領域。

　　2021 年 8 月，Burberry 在以區塊鏈為基礎的手機遊戲

圖表 6-5　GUCCI AR（左圖）及 LV App（右圖）

圖表 6-6　Burberry 發行的「Shark B」

資料來源：《Blankos：街區派對》

《Blankos：街區派對》（*Blankos Block Party*）上，發行了
一個名為「Shark B」的角色（見圖表 6-6）。

750 個 Shark B 的 NFT，只花了 30 秒就完售，甚至原
價 300 美元的 Shark B，還被抬高到 1,149 美元轉手賣出。
而 Shark B 身上穿的噴射背包、臂圈、鞋子等各式各樣的
NFT 配件，全都能在《Blankos：街區派對》的 Marketplace
上買到，噴射背包的二手價還被炒到 145 美元的價格。

紀梵希（GIVENCHY）則是直接販售 NFT 作品。2021
年 11 月 23 日，紀梵希在 OpenSea 上拍賣了他們跟墨西哥
藝術家 Chito 的合作作品，並把透過拍賣所賺來的錢，捐給
改善白色汙染*的非營利團體。

從上述的例子就能看出，已經有許多精品品牌搶先進駐
到元宇宙，或是跟元宇宙相關的平台上，且已經在這些平台
上占有了一席之地。

如果這些精品沒有進到元宇宙的話，又會發生什麼事
呢？我們可以從知名的「Meta Birkins」事件中，看出其背
後的危險性。

Meta Birkins 這系列的 NFT，是專門以愛馬仕最經典的

* 指廢塑膠汙染。

包款「柏金包」（Birkin Bag）為原型所打造的作品，而這一系列的作品被製成 NFT 在 OpenSea 上販售，其中有些作品甚至以 200 以太幣的高價（約新台幣 1,680 萬元）售出，只是這一系列作品完全沒有取得愛馬仕的授權，這也讓愛馬仕氣得發表聲明，表示這些作品已經侵犯到他們的商標權，然而這整起事件直到現在仍舊還沒落幕（見圖表 6-7）。

圖表 6-7　創作者沒有取得授權，就擅自販售 NFT

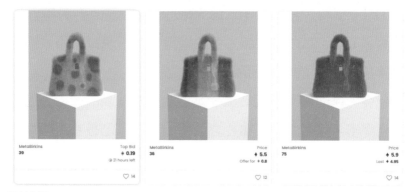

資料來源：OpenSea

　　無論是精品品牌或其他企業，現在都該提前想好「著作權侵權」的因應對策，要不然就得親自跨足到元宇宙市場守護自身品牌的價值。只要精品企業願意投入這個市場，並且發行品牌授權或聯名的 NFT，定然能大幅降低消費者買到

未授權假貨的機率。

📟 擔保商品的真偽，也能提升品牌價值

精品品牌之所以會對 NFT 如此感興趣，就是因為 NFT 可以連結現實世界中的產品，而 NFT 也能成為這些品牌解決假貨問題的一種管道。隨著精品市場越發茁壯，假貨市場也變得越來越猖獗，甚至連免稅店的發票都能偽造。

這也導致消費者若要購買精品，就只能直接到品牌的櫃上選購，但其實精品品牌的二手市場一樣不容小覷。然而每當消費者在二手市場裡挑選精品時，往往都會擔心這是不是真品，此時若有 NFT 當保證書，就能解決消費者的疑慮。

2021 年 4 月，擁有 LV、迪奧（Dior）、紀梵希等品牌的路威酩軒集團（LVMH），以及擁有卡地亞（Cartier）、普拉達（Prada）、Maison Margiela 及 MARNI 的 OTB 集團，一起創立了 Aura 區塊鏈聯盟（Aura Blockchain Consortium）。

這個區塊鏈聯盟的創立目的是為了將這些品牌的商品產地、商品的經手過程等資訊，全都記錄在同一個區塊鏈上。

雖然他們還沒仔細講解過未來會怎麼運用這個區塊

鏈，但除了目前已知能替商品的真偽做擔保，未來還可望能透過區塊鏈，記錄現在商品的持有者是誰。如果能成功開發這項技術的話，NFT 將能成為認證二手市場上精品的最佳工具。

全球知名運動品牌耐吉（Nike）也和 ZEPETO 合作，在平台上販售聯名商品，且 Nike 也在《機器磚塊》上建立了一座名為「Nikeland」的虛擬世界，由此可看出 Nike 想要進軍元宇宙的野心。

除了元宇宙，Nike 也瞄準了 NFT，早在 2019 年 Nike 就向美國專利商標局申請了一款名為「Cryptokicks」的區塊鏈運動鞋，並順利地取得了專利。

只要購買 Cryptokicks，除了能得到一雙真實存在的球鞋，同時還能獲得 NFT，如果買家將這雙球鞋轉售的話，這雙球鞋的 NFT 所有權也會跟著被移轉。不僅如此，2021 年 10 月，Nike 為了要以更多元的方式應用 Cryptokicks，還申請了「可下載的虛擬商品」（Downloadable virtual goods）專利。

2021 年 5 月，Nike 還跟虛擬時尚工作室 RTFKT 一起上市了「METAPIGEON K-MINUS」、「META-PIGEON MK」等被製作成 NFT 的球鞋（2021 年末，Nike 正式收購

了 RTFKT）（見圖表 6-8）。

　　雖然這些鞋款目前只存在於虛擬世界，但之後若能研發
透過 AR 去穿這些鞋子，並且分享到社群平台上的功能，或
Nike 真的在現實世界中，製作了這一系列虛擬球鞋的話，
將能在元宇宙和現實世界中占有不可動搖的地位。

圖表 6-8　Nike 收購 RTFKT 的消息很快就傳開

資料來源：RTFKT Instagram

　　除了國際知名品牌，就連韓國的精品市場也開始使用
NFT 來認證商品了，其中手腳動得最快的公司則是韓國線
上購物平台 SSG 莫屬。

　　SSG 從 2021 年 9 月開始，就透過「SSG Guarantee」，
把儲存著產品序號、產品資訊、保固期限等內容的 NFT，
發放給透過他們線上平台購買精品的買家。因為 SG

Guarantee 使用的是 Klaytn 區塊鏈，所以他們都是透過通訊
軟體 KakaoTalk，將 NFT 發放給消費者（見圖表 6-9）。

　　雖然目前只有 SSG 使用這種方式來消除消費者對商品
的疑慮，但隨著 NFT 的市場越來越茁壯，相信距離其他公
司也跟著使用 NFT 來當保證書的日子也不遠了。

圖表 6-9 「SSG Guarantee」的服務說明

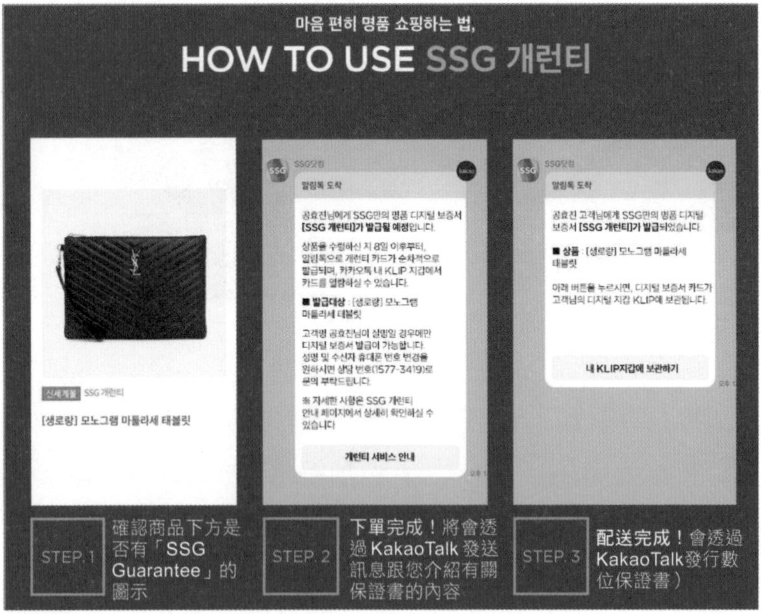

마음 편히 명품 쇼핑하는 법,
HOW TO USE SSG 개런티

STEP.1 確認商品下方是否有「SSG Guarantee」的圖示

STEP.2 **下單完成！**將會透過 KakaoTalk 發送訊息跟您介紹有關保證書的內容

STEP.3 **配送完成！**會透過 KakaoTalk 發行數位保證書）

資料來源：SSG.com

228

　　從本節可以看出，**許多精品品牌都想透過元宇宙，試圖跟時下的年輕人交流，不僅如此，他們也想藉由元宇宙來提升自家的品牌價值。**此外，利用 NFT 認證線上及線下商品的技術，也正在高速地發展中。

　　只要是擁有自有品牌的公司，縱使不是精品品牌，也該向已經跨足到元宇宙的品牌學習。如果今後也想將自家的商品跟 NFT 保證書結合，就該透過基準化分析法[*]去參考那些精品品牌是怎麼做到的，進而提前去準備該和哪個平台攜手、該用什麼方式去營運等問題。

---

[*] 指將自身企業與業界的成功案例做比較。

26

提高收藏價值的粉絲經濟

NFT 收藏品最大的優點是它具有稀有性，而它最大的缺點則是，你很難知道它究竟有沒有投資價值。

但如果這個收藏品是我們平時就有在關注的物品，這個缺點是否就不會成立了呢？其實答案是肯定的。如果能透過 NFT 收藏你最了解、最喜歡的偶像所出的獨特周邊，並且今後還能透過轉賣賺取收益，這必能大大地增加收藏價值，不僅如此，你所收藏的 NFT 還能證明你是他們的粉絲。

這也是為什麼粉絲市場會成為元宇宙及 NFT 的領域中，最受矚目的一種類型，短期內，NFT 在娛樂領域上的運用，必定會有顯著的成長。

演藝圈吹起發行 NFT 的潮流

歐美演藝圈，有許多名人開始關注 NFT，並親自參與發行，像是史努比狗狗（Snoop Dogg）、琳賽·蘿涵（Lindsay Lohan）、芭黎絲·希爾頓（Paris Hilton）等。

芭黎絲·希爾頓就跟數位藝術家布萊克·凱瑟琳（Blake Kathryn）合作，一起在 Nifty Gateway 上發行了《Iconic Crypto Queen》這幅作品，並且以 1,111,211 美元的高價賣出（見圖表 6-10）；加拿大知名歌手威肯（The Weeknd）則是將自己的新歌做成 NFT 販售，並賺取超過 100 萬美元的銷售額；美國饒舌歌手阿姆（Eminem）透過 Nifty Gateway

圖表 6-10　芭黎絲·希爾頓的「Iconic Crypto Queen」

資料來源：Finest NFT Art YOUTUBE

發行了名為「Shady Con」的系列收藏品，並獲得了大約一百八十萬美元的營收。

在韓國，也有許多演藝人員做出了全新嘗試，像是 Brave Girls、Mad Monster、Leenalchi、Dok2、崔東昱等知名藝人，都相繼發行自己專屬的 NFT（見圖表 6-11）。2022 年 1 月，歌手 Naul 透過 Klip Drops 發行了慶祝自己第一張專輯發行 10 週年的紀念 NFT。

針對全球藝人的這種新嘗試，比起成交金額，我們更該把重點放在，已經有許多藝人願意透過新歌、收藏品等方式，去發行自己專屬的 NFT。

圖表 6-11　Mad Monster（左圖）跟 Brave Girls（右圖）進行 NFT 的相關宣傳

資料來源：UPbit NFT

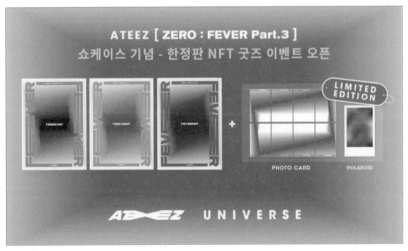 讓明星和粉絲的關係更緊密

　　而其中最快獲得成果的是韓國網路遊戲公司 NCsoft 旗下的 NC UNIVERSE。NC UNIVERSE 的宗旨是讓藝人和粉絲能夠透過這個平台相遇，在這個平台上，藝人（在 NC UNIVERSE 上，會稱藝人為「藝術家」）可以直接傳訊息給粉絲，還可以透過追星紀錄來換取獎勵、觀看線上直播演唱會等（見圖表 6-12）。

圖表 6-12　NC UNIVERSE 跟許多藝人合作發行限量版 NFT

資料來源：NCsoft

2021 下半年，SF9、MONSTA X、ATEEZ 等韓國團體，也接連將團體的限定周邊製作成 NFT 並發行。

SM 娛樂則是早就推出了元宇宙女團「aespa」，這個女團除了以歌手的身分活動，還成為金融控股公司 KB Financial Group 的代言模特兒，可以從中看見元宇宙女團活躍於各個領域的蹤跡。

SM 娛樂也對 NFT 十分感興趣，李秀滿總製作人更在 2021 年會議上提到公司未來針對 NFT 的發展計畫。他說道：「我希望 SM 娛樂的製作內容依照產消合一的方式，往再創造的方向發展，而再創造的製作內容則會以 NFT 的形式發展。」

從這段話中可以看出，SM 娛樂未來要發行的 NFT，將會朝粉絲也能一同參與跟製作的方向發展。通常娛樂公司若要發行 NFT，大眾都會下意識地認為那是一種周邊，但粉絲若能一起參與製作，就能打開一道前所未見的新大門。粉絲能將原有的商品，再次創作成藝術品、迷因、短影音，就連粉絲自己為偶像製作的周邊等，都將成為一種新型態的 NFT 商品。

此外，SM 娛樂也有自己專屬的偶像跟粉絲聊天互動平台，Dear U。而 Dear U 裡頭的「bubble」，則可以讓粉絲

收到偶像傳給他們的訊息。雖然偶像是一次群發給所有的粉絲，但從粉絲的視角來看，卻有一種跟偶像一對一聊天的感覺。

在「bubble」上訂閱一位藝人一個月的費用是 4,500 韓元（約新台幣 113 元），而用戶的續訂率也超過了 90％，付費的訂閱用戶更突破了 120 萬人（見圖表 6-13）。

圖表 6-13　SM 娛樂的一對一聊天服務「bubble」。

資料來源：Dear U

　　如果 SM 娛樂現在直接透過 Dear U 推廣自家的 NFT，以公司的角度來看，等於不用花額外的錢宣傳，就能直接向 120 萬名用戶推行他們的 NFT 事業。

　　韓國 JYP 娛樂、HYBE 跟 YG 娛樂也全部都跟 Dunamu 聯手，一起跨足到 NFT 市場。Dunamu 旗下的加密貨幣交易所 UPbit，在 2021 年 11 月上市了 NFT 交易所「UPbit NFT」。

　　Dunamu 跟 JYP 娛樂簽訂合作合約，共同開發能製作並交易的數位周邊；而 HYBE 則是在 2022 年宣布要跟 Dunamu 組成合資公司一同成立 NFT 交易所；YG 娛樂則是預計要透過子公司 YG Plus，在 HYBE 跟 Dunamu 所成立 NFT 交易所中發行 NFT。這樣看來，韓國國內的四大娛樂公司中，就只有 SM 娛樂特立獨行不跟其他公司合作，而 HYBE、YG 娛樂跟 JYP 娛樂則是都選擇了 Dunamu 來當作夥伴。

暗藏隱憂的粉絲服務

　　雖然每間娛樂公司都爭先恐後地宣布要進軍 NFT 市

場，但他們同樣都擔心一個問題，那就是粉絲的反應。因為要有「粉絲」，才能維持整個粉絲市場。

HYBE 與 Dunamu 開完合夥的說明會後，社交平台上有許多粉絲都打上了「抵制 HYBE」、「杯葛 HYBE NFT」等關鍵字，宣洩心中的不滿。

對此 HYBE 理事會議長房時則表示，如果將小卡透過 NFT 的方式發行，並且透過線上的方式去蒐集、交換、展示，這絕對會比收藏現實世界中的小卡還要更安全，同時他也強調 NFT 定能成為粉絲服務的一種嶄新方式。

雖然粉絲也明白 NFT 的好處，但在逐漸白熱化的 NFT 市場中，任何一幅作品隨便都能被炒到好幾百億韓元的價格，如果防彈少年團（BTS）也推出了 NFT 的話，勢必也會以相當高價的金額賣出，進而形成了粉絲間的階級差距。

粉絲憂慮的是，如果將 Youtube 上隨時都能免費聽到的歌曲，做成限量版 NFT 發行，這將會導致只有少數的粉絲才能擁有偶像的歌曲。即便目前看來，這件事發生的機率並不大，但身為粉絲，相信絕對沒有人會樂見這種情形的發生。

和粉絲培養情感的三大特點

2021 年末，韓國影音網站辣椒艾菲卡 TV 推出了專屬的 NFT 交易所，並取名為「AFTmarket」（見圖表 6-14）。雖然比不上專業娛樂公司裡的藝人，但辣椒艾菲卡 TV 旗下的 BJ* 跟他們粉絲培養起來的情感，也是不容小覷。

AFTmarket 跟其他 NFT 交易所比起來，有三個較為不同的特點：

圖表 6-14　辣椒艾菲卡 **TV** 旗下的 **NFT** 交易所「**AFTmarket**」

資料來源：AFTmarket

---

* 在韓國，BJ 是 Broadcast Jockey 的縮寫，意指直播節目中的主播。

徹底的封閉空間

雖然任何人都可以在上面進行交易，但若不是 BJ 的粉絲，基本上不太會去購買這個交易所上的 NFT，因為上面賣的 NFT 不是 BJ 的虛擬替身，就是 BJ 的第一次直播的內容（見圖表 6-15）。

圖表 6-15　在 AFTmarket 販售的 VOD 及虛擬替身 NFT

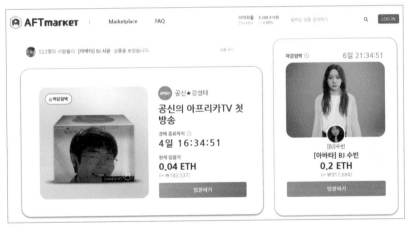

資料來源：AFTmarket

只販售虛擬替身跟 VOD 兩種類型

雖然之後可能會有所改變，但辣椒艾菲卡 TV 並沒有忘記他們是靠直播起家的，只要你購買 NFT，他們就會把你

的暱稱及得標價放到原本的 VOD*上，看上去就很像是直播時，大家捐錢給直播主時會出現的贊助視窗。

虛擬替身則可以在 FreeBLOX 元宇宙中使用，這很類似遊戲公司裡所販售的遊戲道具。從這點就能看出，他們出這個 NFT 就是為了要讓粉絲們即便到了元宇宙，也能輕易地讓其他玩家知道他是誰的粉絲。

投資的同時也能贊助

你購買的 NFT 金額，扣除掉手續費，有 50％都會給BJ，另外還有 2％會給這段期間內在直播裡贊助最多的觀眾，還有 3％會給廣告商。

綜合上述的特點來看，就可以發現消費者從 AFTmarket上購買 NFT，並不是為了要投資或拿來跟他人炫耀，而是想透過這個方式支持自己喜歡的 BJ。

而辣椒艾菲卡 TV 的這些特點，不僅是娛樂公司，只要是任何牽涉到「粉絲」的產業，都該學習。

---

* Video On Demand，指隨選影片。使用者可透過網路即時收看。

27

可以運用在日常生活的 NFT

我們已經了解到精品市場及粉絲市場是如何將 NFT 融入到我們的生活中。但我們還是很難把這兩個領域視為「日常」，畢竟一般人不可能三天兩頭就去買精品，而粉絲也只限定於某些群體。

那麼，能運用到我們日常生活中的 NFT，究竟有哪些呢？其實不外乎就是紀念品、門票、保證書等商品。

紀念品和門票

NFT 很適合被拿來當作紀念品或門票。

其中有關 NFT 被拿來當作紀念品的例子可以參考

「《Frost 醫生》10 週年紀年 NFT」。2021 年,韓國漫畫平台 Webtoon 上的《Frost 醫生》,連載第 10 年正式畫下了句點,韓國 NFT 藝術平台 Digitally Yours 為了要紀念這件事,便發行了《Frost 醫生》的限量版 NFT,並透過抽獎免費將 33 個 NFT 送給粉絲(見圖表 6-16)。

圖表 6-16 《Frost 醫生》限量版的 NFT

資料來源:Digitally Yours

中獎者會透過 Kakao Klip 收到《Frost 醫生》的 NFT,而這部漫畫的作者也很幸運地被抽中,其他一起發行的

NFT，也透過 OpenSea 進行拍賣。

另一種形式式是，只要參與活動就能獲得紀念品。全球最大投行摩根大通（J.P Morgan）就宣布「為了投資者，我們將會開放加密貨幣投資」，並免費發放 NFT 給參與的人；美國連鎖電影院 AMC 就在 2021 年 11 月底，發放 100種共 86,000 個的 NFT 給預訂《蜘蛛人：無家日》（*Spider-Man: No Way Home*）首映門票的觀眾。

正因為 NFT 無法被偽造及變造，所以也很適合被拿來當作演唱會門票。像是軟體開發公司 Hancom 旗下的「Arowana NFT Market」就曾經販售過韓國選秀節目《Show Me The Money 10》的演唱會門票，每張門票的價錢大多都以 10 萬～ 20 萬韓元成交（約新台幣 2,500 ～5,000 元）（見圖表 6-17）。

雖然是用 NFT 的形式購票，但最終還是得透過電子信箱認證完身分後，換取實體票券入場。在找到能輕易確認NFT 所有權的方法前，要真正的把 NFT 當作門票還是有些難度。

圖表 6-17　在 Arowana NFT Market 上販售的演唱會門票

資料來源：Arowana NFT Market

雖然現在一般的公司行號跟大眾，很難百分之百地發放與接收 NFT，但未來，應該能成為人人都能運用的技術。

歌手或運動明星，可以透過將自己的演唱會和比賽場面做成 NFT，贈送或販售給粉絲；作者也能透過製作 NFT 並發放，回饋讀者；企業也能專為 VIP 顧客發行 NFT 會員卡等方式活用 NFT。

收到 NFT 的人，則可以透過像是 Kakao Klip 的數位錢包確認自己所擁有的 NFT，甚至也能透過數位錢包將自己擁有的 NFT 贈送給其他人；唯一美中不足的是，Kakao Klip 還沒支援讓個人發行 NFT，並販售給個人的服務。

只要這個功能上線的話，發送與接收 NFT，將會變得跟透過電子信箱寄送照片一樣普及與方便。

保證書、身分證、資格證

NFT 也可以被拿來運用在交換股票的活動上，2021 年 8 月 Kakao 娛樂從 Kakao Webtoon 的使用者中，抽出 1,000 人發放了「NFT 股票交換券」，這個活動是為了慶祝 Daum Webtoon，正式整合成 Kakao Webtoon 所舉辦的活動。只要抽中這個 NFT，在 Kakao Webtoon 股票上市滿 6 個月後，就可以憑著這個 NFT 去跟 Kakao 娛樂兌換 1 股。

此時，如果是利用保證書的方式透過電子信箱，或是郵寄等方式寄到中獎者手中，在這 6 個月的等待期間，中獎者很有可能就會不小心把保證書給弄丟，但是 NFT 股票交換券，不僅可以很簡單地就儲存在 Kakao 錢包「Klip」中，也不能轉讓或移轉給其他人，進而省下許多衍生問題。

透過這個例子，可得知今後無論是要贈送股票、商品券，全都可以利用 NFT 來發放給中獎者。

根據美國研究機構 Messari 在《2022 年度加密報告》（*Crypto Theses 2022*）中的內容指出，NFT 有極高的機率將會被應用在無法替代的履歷上，例如身分證、資格證。只要把學歷、履歷、資格證等，所有跟經驗相關的文書做成 NFT，就能排除偽造及變造的可能。

　　LG 電子已經利用 NFT，把 NFT 認證書頒發給成功修完開源軟體專家教育課程的 120 名員工；韓國成均館大學則是透過 NFT，頒發獎狀給參加競賽的獲獎者；位於韓國牙山市的湖西大學則是使用 NFT，頒發學位證書給畢業生。

　　已經有許多地方正在測試如何把保證書和證書製作成 NFT 來發放，只要能解決發行時所產生的手續費問題，相信距離 NFT 融入我們日常的那一天，一定不遠了。

第 7 章

企業的布局
決定 NFT 普及的速度

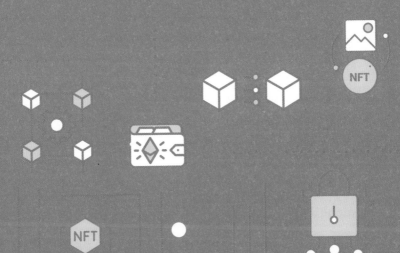

28

讓 NFT 融入生活的關鍵企業

　　前文也曾經提過，真正讓一般大眾開始注意到 NFT 的轉捩點，是 NFT 藝術的鉅額成交價，而此刻也有許多領域正嘗試要讓 NFT 融入於日常之中。

　　然而，若要讓 NFT 正式地進到我們的生活裡，還欠缺一個關鍵角色，那就是企業的動向。本章將會談論企業為了進入 NFT 市場，各自做了什麼準備。

Adobe Photoshop

　　Adobe Photoshop 是許多創作者在創作時會使用到的影像處理軟體。而 Adobe Photoshop 也宣布，將要新增「內

容憑證」（Content Credentials）功能，好讓創作者可以更輕鬆地將自己的作品製作成 NFT。這個功能可以讓創作者在自己的 NFT 上，加入姓名、活動紀錄、時間、場所等資訊，藉此達到防止他人盜用作品，以及認證創作者身分的功能（見圖表 7-1）。

創作者也可以透過 OpenSea、Rarible、KnownOrigin 跟 SuperRare 等 NFT 交易所，將自己透過 Photoshop 所製作的作品放到這些平台上交易。

圖表 7-1　透過內容憑證，可以防止創作者作品被盜用

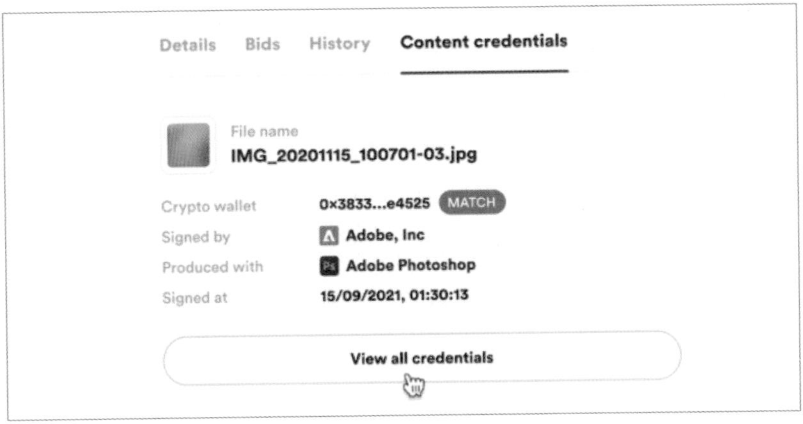

資料來源：Rarible

推特

從數位藝術家 Beeple 到其他創作者，甚至就連 NFT 交易所、加密社群等，都是透過推特（Twitter）發布新作品的消息。而推特也研發了新功能，讓 NFT 創作者及曾經購買過 NFT 的買家，都可以把自己擁有的 NFT 設成大頭貼。

大家只需要將推特帳號連結上加密貨幣錢包，就可以輕鬆地更換大頭貼，一般使用者的大頭貼都是圓形，而 NFT 大頭貼則會呈現六角形。這個功能目前只有北美地區才適用，並且是只有訂閱 Twitter Blue 的使用者才能搶先試用（見圖表 7-2）。

這種可以改變自己大頭貼的服務又被稱作 PFP（ProFile Picture），使用者可以透過更改大頭貼，來告訴其他人自己是屬於哪一個 NFT 加密社群的一員。這同樣也是為什麼 CryptoPunks、BAYC 等擁有私密社群的收藏品，會如此受到喜愛的原因。

圖表 7-2　NFT 的大頭貼，將會跟一般使用者的大頭貼不同

臉書

　　把公司名稱改成 Meta 的臉書，自然也宣布了要支援
NFT 的消息，雖然 Meta 目前還沒詳細說明會透過什麼樣的
方式支援 NFT，但大眾普遍認為 Meta 會把 NFT 運用到他
們自己的虛擬實境平台 Horizon Worlds 上，讓使用者可以
透過 NFT 裝飾自己的家。

　　在這個虛擬實境平台上，使用者不但可以邀請朋友來自
己的家中看電影，甚至還可以在這個平台上開會，所以展示

自己所擁有的 NFT 作品一定也不成問題。

　　另一個值得我們關注的是，臉書旗下的加密貨幣錢包「Novi」。Novi 跟 Kakao Klip 一樣，是可以保管加密貨幣的錢包，目前外界正在猜測，Meta 有可能會開發把 NFT 作品放到臉書或 Instagram 上展示的功能，又或是像推特一樣，研發一個可以把 NFT 設成大頭貼的功能，而加密貨幣錢包 Novi 則可能會開發出把自己擁有的 NFT，傳送到別人錢包的功能。

華特迪士尼公司

　　華特迪士尼公司（The Walt Disney Company）透過一款名為 VeVe 的 App，將旗下的動畫角色以 NFT 的形式發行。目前這款 App 在美國、加拿大、英國、德國等地，已經是一款家喻戶曉的 App。

　　無論是《辛普森家庭》（*The Simpsons*）、《冰雪奇緣》（*Frozen*）的艾莎（Elsa）、皮克斯動畫工作室（Pixar Animation Studios）、漫威漫畫（*Marvel Comics*）等知名角色的虛擬替身，又或是蜘蛛人（*Spider-Man*）的第一版漫

畫封面等，都被製作成 NFT 販售（見圖表 7-3）。

圖表 7-3　透過 VeVe，可以買到被製作成 NFT 的漫畫角色

資料來源：VeVe

其中 VeVe 平台裡的系列收藏品「黃金時刻」（the Golden Moments）專門把數位公仔雕像製作成 NFT，只要消費者購買此系列，就可以免費觀看 Disney+ 三個月。

雖然 VeVe 不像其他的 NFT 交易所，可以透過網頁版購買作品，而這點也勢必會限縮到受眾，但華特迪士尼公司現在的目標並不是要發展一個成熟的 NFT 交易平台，他們只是想先透過 VeVe 來試水溫罷了。

因此只要是旗下同樣擁有動畫角色的公司，就該多嘗試

不同的線上、線下宣傳方式，並持續關注像華特迪士尼公司
這樣的大企業如何布局 NFT 市場。

29

通訊軟體巨頭是
擴大 NFT 市場的關鍵

只要提到韓國企業,自然會想起多音通訊公司 Kakao 跟韓國最大的網際網路服務公司 Naver,然而除了這兩個大企業,斗山集團、曉星集團、SSG 等企業,也相繼進軍到 NFT 市場,相信之後跨足 NFT 的企業只會與日俱增。

本節將著重較具代表性的 Kakao 跟 Naver 的動向,並藉由這兩大公司來一窺韓國 NFT 市場究竟有多大的發展性。

 **Kakao**

Kakao 目前透過旗下的分公司 GroundX,來拓展 NFT

事業，而 Kakao 還透過分公司 Krust 發行位於「Klaytn」區塊鏈上的加密貨幣「KLAY」。

Kakao 在「Klaytn」這條區塊鏈上，已經布局了好幾個產業，像是可以自己鑄造 NFT 的「KrafterSpace」，以及只有被邀請來策展的藝術家才能販售作品的 NFT 交易所「Klip Drops」。不僅如此，通訊軟體 Kakao Talk 裡的區塊鏈錢包「Klip」一樣也是使用了「Klaytn」區塊鏈。

2021 年 11 月，Kakao Games 也宣布他們即將要製作一個新的 NFT 交易所。因為 Kakao Games 是一家電子遊戲發行商，所以比起其他擁有不同種類作品的 NFT 交易所，他們可能會更加著重和遊戲相關的 NFT。

Kakao 娛樂也宣布要投資專門在製作 3D 虛擬角色 NFT 的美國知名新創公司「SUPERPLASTIC」，並與網石遊戲（Netmarble Corporation）合作一起打造虛擬網紅（虛擬偶像）（見圖表 7-4）。

從以上兩個例子就能看出，Kakao 娛樂比起開設新的 NFT 交易所，似乎更傾向先朝製作虛擬網紅的 NFT 開始發展，我們也能從中看出，他們之後可能會利用這個技術，將自家的 KAKAO FRIENDS 角色製作成 NFT。

圖表 7-4　Kakao 娛樂投資「SUPERPLASTIC」

　　Kakao 的目標是透過旗下分公司各自在不同領域上發展，建造一個專屬於他們的元宇宙及 NFT 生態系。雖然各家分公司所發展的領域看似南轅北轍，但因為他們使用的都是 Klaytn，所以立基是相同的。

　　而 Kakao 之所以會被外界認為，能成為幫助韓國 NFT 市場擴大的關鍵原因，就是因為通訊軟體 Kakao Talk 裡面的區塊鏈錢包 Klip，只要透過 Klip，無論是自己購買的 NFT 或他人送的 NFT，全都能輕易地透過手機查看，甚至儲存在 Klip 上的作品，也能輕鬆地透過 Kakao Talk 聊天

室分享給朋友，也正因如此，所以我們之後可以持續關注 Kakao 會利用什麼方式，讓大眾知道 Klip 並使用它。

 Naver

相較之下，Naver 看上去就好像沒有什麼特別的動作。雖然 Naver 在元宇宙領域上，擁有一個很成功的平台 ZEPETO，除此之外，似乎就沒有其他動作了。

但其實 Naver 早就在國外參與了很多有關加密貨幣及 NFT 的企劃。如果 Kakao 的重心是放在「Klaytn」上，那 Naver 就是放在「LINE」上。

LINE 早在 2019 年的 9 月就成立了加密貨幣交易所「BITMAX」（並在 2021 年將名稱改為「LINE BITMAX」），不僅如此，他們還在 2020 年 8 月上市了「LINK」幣。

外界估計 LINE 可能會研發透過「LINE BITMAX Wallet」來發行、管理 NFT 的新功能，除此之外，還可能會開發透過 LINE 聊天室來發送與接收 NFT 的功能，其實這就跟 Kakao 的「Klip」十分雷同。

2021 年 11 月，ZEPETO 的 1,200 個 NFT 透過 LINE 區塊鏈製作，並放到 CryptoGames 的 NFT Studio 以一個 500 日元（約新台幣 125 元）的價格販售，預計未來將會透過 BITMAX 的 NFT 交易所再次販售（見圖表 7-5）。

圖表 7-5　Naver 透過日本的 LINE 區塊鏈發行的 NFT

資料來源：LINE

若 Kakao 是透過旗下分公司，來擴張 NFT 市場的話，那 Naver 就是靠著專心發展「LINE」，來擴張自己在 NFT 方面的版圖。畢竟韓國對於 NFT 及虛擬財產仍有許多的法規限制，所以 Naver 可能是打算先鞏固好國外的市場，再回過頭來經營韓國國內。

2021 年 12 月，LINE 宣了將在韓國跟美國各自成立專門發展 NFT 的公司「LINE NEXT」，其中韓方負責平台策略與計畫，而美方則是負責經營。

Kakao 跟 Naver 都善用了自己平台上最多人使用的通訊軟體 Kakao Talk 跟 LINE，提升自己在 NFT 市場上的重要性。如果今後可以透過通訊軟體來交易的話，其他公司自然就會選擇跟這兩家公司合作。

30

帶動金融業的新商業模式

進軍 NFT 的金融機構

前文提到的 Kakao 跟 Naver 等科技巨擘，其實很容易就會威脅到金融機構，自從有了智慧型手機後，科技巨擘就搶先傳統的金融機構發展了金融科技，進而奪走傳統金融機構的市場。嘗過失敗滋味的金融機構，自然也想趁科技巨擘霸占 NFT 及元宇宙市場前，跟著進軍 NFT 市場。

韓國最大的商業銀行 KB 國民銀行跟加密貨幣錢包 Haechi Labs、區塊鏈投資業者 Hashed，一起成立了韓國數位資產管理公司 KODA；而韓國第二大的友利銀行則是跟交易所 Coinplug 一起成立了數位資產公司 Dicustody。

韓國歷史最悠久的民間銀行 —— 新韓銀行也投資了可以

託管虛擬財產的 KDAC，不僅如此，新韓銀行也在 2021 年 NFT 釜山活動上表示：「雖然銀行方面大多都不看好數位資產的未來，但現實就是這個市場正在逐漸地擴大中，這同時也是我們顧客所盼望的未來。」並宣布他們即將要朝新的商業模式發展，除了託管數位資產、數位資產記號化，還打算將一部分重心放到 NFT 上。旗下的 Shinhan Card 也是全韓國第一個透過 App 來製作 NFT 並管理的公司。

只要金融圈積極地帶動數位資產跟 NFT 市場，之後消費者若要購買 NFT，就可以先跟銀行借貸，甚至也可以把自己的 NFT 託管給銀行來賺取利息。而這一切的改變，就是因為 NFT 正式被視為是一種資產，而現實中，已經有一些公司正在提供這些服務了，就能拿最具代表性的 NFTfi 來舉例吧。

NFTfi

NFTfi 是間提供 NFT 擔保貸款服務的公司，大家可以把自己擁有的 NFT 拿給公司當作抵押物，並跟其他使用者借貸加密貨幣（見圖表 7-6）。

圖表 7-6　大家可以在 NFTfi 上抵押 NFT，並借貸加密貨幣

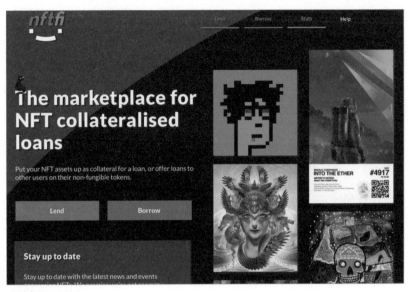

資料來源：NFTfi

　　值得注意的一點是，這裡的出借人並不是公司，而是公司會透過 P2E 的形式幫忙把加密貨幣借給借款人，也就是手頭比較寬裕的使用者，會透過借貸加密貨幣給他人的方式賺取利息，如果期限內，借款人沒有準時還款，借款人拿來抵押的 NFT 就會變成出借人所有。

　　另外，NFTfi 上的借貸契約也是透過智能合約來簽訂，所以雙方都不需要額外擔心安全問題（見圖表 7-7）。

圖表 7-7　透過 NFTfi 可得知 NFT 借貸的金額和償還日期

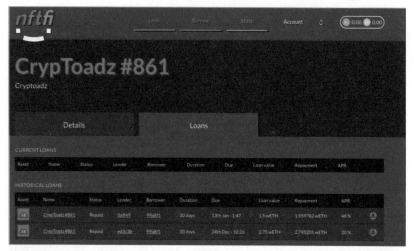

資料來源：NFTfi

　　雖然群眾募資也是個人借錢給個人，但如果對方不還錢的話，就會牽扯出很多問題，基金公司通常都會藉由訴訟的方式來回收債務人的債券，但這方法非但耗時也無法百分之百的回收回來。相較之下，NFTfi 因為有先拿 NFT 當作抵押物，所以不用擔心無法追回欠款的問題。

NFT BANK

　　隨著 NFT 的種類越變越多，有越來越多地方可以發行 NFT，這也間接導致買家可能會搞混自己的 NFT 究竟是從哪一間交易所購買的，而加密貨幣與 NFT 也不像實體貨幣，只要是銀行就可以兌換。

　　數位資產只要使用的區塊鏈不同，就可能必須使用不同交易所，不僅如此，每間 NFT 交易所的資本報酬率也都不同，甚至就連加密貨幣錢包也能細分成 MetaMask、Kaikas 等，所以買家變得很難整合自己的所有數位資產。

　　針對這個問題，NFT BANK 提出了相對應的解決方法。NFT BANK 是專門將使用者的 NFT 交易明細、投資收益等彙總在一起的公司，除此之外，還能替你把所有加密貨幣錢包中的 NFT 全都統整，並幫你分析這些作品預估的市場價值。

　　使用者只需要在 NFT BANK 上登入自己的錢包，就能一次看見所有 NFT 的交易明細以及投資收益等（見圖表 7-8）。

圖表 7-8　透過 NFT BANK 就能一次查看所有 NFT

資料來源：NFT BANK

📟 數位畫框

　　如果你擁有一幅 NFT 作品，比起智慧型手機的螢幕，一定會更嚮往透過大螢幕來欣賞吧？甚至你還可能會想把它放到現實世界中來展示，而能解決這個問題的工具就是數位畫框。

　　美國網件公司（NETGEAR）的數位畫框就提供了至少能觀看 100 幅以上作品的功能，還能輕易地將自己擁有的

NFT 作品，上傳到數位畫框上觀看。

當然，前提是大家得先認證自己的加密貨幣錢包，才能把 NFT 上傳到數位畫框上。

只要企業願意好好發展這塊市場，我相信無論數位畫框賣得再怎麼貴，都一定也會有人買單（見圖表 7-9）。

圖表 7-9　網件推出一款能夠觀看 NFT 作品的數位畫框

資料來源：NETGEAR

2021 年，美國佛羅里達州所舉辦的 NFT 藝術品展示會「The Gateway」上，舉辦方透過 LG 的 SIGNATUREOLED R TV 陳列出了這場展示會的 NFT 作品。

同年 12 月，三星電子也在韓國的 NFT 展示會「非比尋常的 NFT 藝術展」中，透過旗下的數位電視 The Frame 展示了 NFT。

第 8 章

為迎接 NFT 時代做好準備

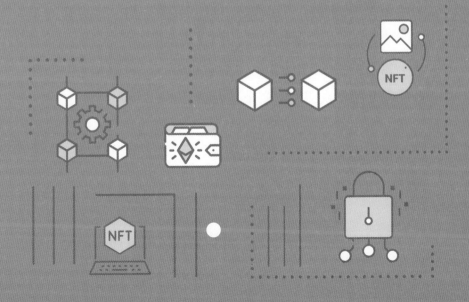

31

企業會面臨哪些課題？

　　透過前文，我們大致了解了 NFT 是什麼、NFT 交易所的種類、企業動向等。雖然 NFT 所牽涉到的範圍太過龐大，以至單靠這些內容很難把 NFT 全部交代清楚，但我相信當讀者看到這，一定也多少可以感受到數位世界真的正在改變。

　　為了迎接 NFT 的來臨，究竟企業、政府跟個人要準備些什麼？就讓我透過本章來帶大家了解。

交易所的課題

　　NFT 交易所在短期內，就像邁入了春秋戰國時代，只

270

會不斷竄出新的交易平台，其中不乏大企業投資的平台，也有資本額不高的新創公司，憑藉某項特定種類的作品就成功的案例。接著就讓我們來看交易所若要成功的話，必須注意些什麼吧。

進軍國際市場

在全球都在關注韓國大眾文化的此時，如果藝術家的作品只限定在韓國販售的話，不免有些可惜。因為新冠肺炎疫情，全球變得更加緊密，像是韓劇《魷魚遊戲》這類型作品的爆紅，使得韓國有更多機會可以進軍到國際舞台，因此韓國的 NFT 交易所不該安於現狀，一定要積極地與國外的代理商、交易所及拍賣行合作。

交易所的力量源自於顧客

交易所的顧客除了有創作者及買家，還有轉賣的賣家，每種顧客的特性都不相同，大多數的創作者都對 NFT 交易形式感到陌生，而收藏家則是很容易受到外界氛圍的影響，直接買單。

所以交易所為了這些第一次接觸到 NFT 的顧客，應該

以更簡單易懂的方式去引導，像是韓國網路銀行 Toss Bank 就因為便利性，成功打響知名度。因此 NFT 交易所比起使用艱澀難懂的專有名詞，更應該站在所有顧客的角度，讓顧客都能輕易了解複雜的 NFT 世界。

需要時尚的設計

韓國國內的 NFT 交易所應該多參考像 SuperRare、Nifty Gateway 等國外知名交易所的網頁設計。在韓國，有許多即便是在販售藝術品的 NFT 交易所，網頁卻設計得極其粗略。雖然交易所本該把重心放在加密貨幣系統上，但所有人都能看見的門戶，最好還是花點心思設計一下會比較好。

需要長期跟創作者合作

交易所不該在辦完一次聯名展後，就結束跟藝術家的合作，而是要長期地與藝術家維持夥伴關係。買家之所以會來你這裡購買作品，就是因為藝術家非但提供了內容，甚至還幫你宣傳了這間交易所，因此交易所可以透過線上、線下的展示會，長期與藝術家合作。

如果韓國交易所不願意多花點心思留住這些人才，他們

極有可能就會跳槽到國外的知名交易所。

必須清楚告知買賣家保護對策

比起一味強調一切紀錄都儲存在區塊鏈上，交易所更該清楚告知藝術家，他們的畫作資料及影像資料都是儲存在其他的地方，也得告知買家，如果交易所關閉的話，他們所擁有的 NFT 作品會用什麼方式轉移到買家的錢包。

此外，著作權及所有權的概念也該清楚地告知所有使用者，畢竟有些買家會下意識地認為，只要購買了這幅作品就能隨意使用。

遊戲公司及娛樂公司的課題

知名的遊戲公司不該再猶豫是否該進軍 P2E 市場。因為他們已經很熟悉該怎麼讓玩家在遊戲裡進行經濟活動，也解決過平台外部的道具交易、盜帳號、失竊等問題。如果遊戲公司決定要導入 P2E 系統的話，一開始最好是先從海外市場開始發展。

雖然韓國遲早會解決法規上的問題，但單就目前的情勢而言，在韓國發展 P2E 遊戲還是存在著很高的風險，因此韓國的遊戲公司，最好還是選擇先從海外市場開始發展會比較好。

而政府所擔心的「投機性遊戲」問題，最好還是先由遊戲公司提出解決方案會比較適當。政府為了要保護國民的財產權，自然會延緩這類型的相關決議，若遊戲公司擔心會因此喪失在全球市場上的競爭力，那就該先向政府提出對策。

對於娛樂公司而言，NFT 的出現絕對會是絕佳的機會，然而比起為了利益就一頭熱發展 NFT，他們更該謹慎地發展。就像前文提過的，如果將明星的周邊製作成 NFT，雖然能創造龐大的效益，但從粉絲的角度來看可能會覺得非常反感。

用 NFT 的形式販售明星周邊，非但會將粉絲劃分成有錢的粉絲跟沒錢的粉絲，高昂的周邊也會導致青少年粉絲群無法購買，當社會性的問題越來越常發生時，粉絲自然就會選擇離開，而前景被看好的 NFT，就會化成泡沫消失在這個市場上。

最終能夠動搖娛樂公司市場的還是「粉絲」，因此企業可以透過購買實體專輯送 NFT、將演唱會門票改為 NFT 等

形式，來讓粉絲一步步了解 NFT，也可以透過將 VIP 會員卡製作成 NFT 的形式，發放給死忠粉絲。

縱使是對 NFT 毫無興趣的粉絲，只要免費收到，就會開始研究該怎麼使用，再加上如果公司透過免費發放 NFT，回饋支持明星多年的粉絲，我相信從粉絲的立場來看，一定也不會對 NFT 太過反感。

32

政府和法律是否能與時俱進？

　　當全球都掀起 NFT 風潮時，唯一感到頭痛的應該是各國政府。元宇宙風潮都還沒過，馬上就迎來了 NFT，只不過這次的 NFT 有可能會帶來一個嶄新的機會。

　　NFT 不單只能用在藝術品、遊戲道具買賣上，還能將現今所有的數位內容都資產化，甚至也能運用在各種認證方式上。尤其是經歷證明書、畢業證書、資格證等，若把它們做成 NFT 並儲存在區塊鏈錢包中，就能避免偽造經歷、學歷等問題。

個人的保護問題

政府最大的課題，就是該透過什麼方式去保護每位國民的財產權，有越來越多國民透過交易所買賣 NFT 來投資，進而導致政府不得不出面檢驗每一間交易所。雖然投資風險本該投資人自己承擔，但交易所的經營方式是否公開透明、投資人的財產該怎麼保護，全都得靠政府出面介入。

此外，政府也該儘早解決 P2E 遊戲的問題，政府該反對的是投機性，而不是將遊戲道具製作成 NFT 販售的這件事。所以政府最好是多聽遊戲業者、玩家的意見，並進行三方協商來試著解決政府的疑慮。

法律相關問題

任何人都能透過 NFT 交易所發行自己的 NFT，久而久之就會衍生出相關的法律問題。雖然任何被製作成 NFT 的數位資料，都不會被偽造和變造，但當初所使用的數位資料若不是發行人所有，就很有可能會讓無辜的人遭受波及。

實際上，NFT 藝術品市場上也已經傳出有人販售贗品

的消息。塗鴉藝術家班克西（Banksy）的 NFT 作品以 33 萬 6,000 美元的價格售出，可是事後才發現那幅作品根本是贗品。

值得慶幸的是，除了 700 萬韓元（約新台幣 18 萬元）的手續費，剩下的錢都可以償還給買家，而這起案件也敲響了人們對於 NFT 贗品的警鐘（見圖表 8-1）。

圖表 8-1　贗品事件一直到事發後，官方才出面闢謠

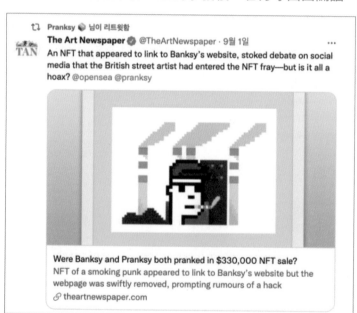

資料來源：Pranksy 推特

　　韓國知名藝術家 Zipcy 的作品也曾遭到冒用，被拿到 OpenSea 以「Zipcy'」這個帳號販售。雖然面對這種狀況創作者可以向交易所提出申訴，禁止這個帳號販售並下架相關作品，但如果已經交易出去了，創作者名聲不僅因此受損，他人透過自己作品所賺取到的錢財卻全都要不回來。

　　況且大部分交易所，不需要輸入電子信箱，只需要連結加密貨幣錢包就能註冊帳號，這也導致交易所很難掌握每位使用者的身分。

　　另外，也需要考慮著作權的問題。2021 年 5 月，就曾經發生過李仲燮、朴壽根、金煥基三位畫家的 NFT 拍賣會，因為著作權的問題臨時被取消，舉辦拍賣的 Wannabe International 透過藝術品登錄協會已經完成了所有的程序，不料擁有著作權的煥基美術館及朴壽根畫家的遺屬，雙方都表示完全沒有人跟他們討論過這件事，他們更不曾授權答應過要舉辦這場拍賣會。

　　因此不管是藝術品的相關著作權問題，或是 NFT 是否透過原版數位檔案所製作等問題，都需要交易所跟相關單位再三確認過才行。這是之後有可能會常常面臨到的問題，所以最好是多加留意這方面的相關資訊。

課稅問題

因為現在 NFT 擴及的領域很廣，也能在很多不同的地方進行交易；然而只要是能交易的物品，就算是一種資產。依照這個情勢發展，NFT 就會根據被歸類在虛擬財產下，所以之後只要持有 NFT，就會產生相關的稅收問題。

根據韓國《特定金融資訊法》，所謂的虛擬財產是指「只要在經濟上有價值，並且能透過電子方式進行交易與移轉的財物」，對此，防制洗錢金融行動工作組織（FATF）發表聲明說：「NFT 不是一種投資手段，更不能成為一種付款方式，所以 NFT 並不屬於虛擬財產的範疇。」韓國經濟副總理洪楠基則表示「NFT 目前還不算是虛擬財產」。

綜合以上各方意見來看，外界普遍認為韓國金融委員會此刻不太可能把 NFT 視為虛擬財產，只是隨著今後各式 NFT 的出現，韓國政府一定會表明是否該針對 NFT 課稅的立場。

33

把握千載難逢的最佳時機

在元宇宙的時代，只要大家善用把數位內容製作成 NFT 的技能，就能打開許多道機會大門。無論你是從事相關產業，或是對這個產業感興趣，都無須再猶豫，此刻就是該踏入的最佳時機。

🖥️ 創作者

如果你本身就是一名創作者，現在就應該學習 NFT，並將自己的作品作成 NFT 放到市場上販售。現在已經有許多知名的藝術家，以及動作很快的藝術家在瓜分著這個市場，說不定再過一段時間，整個市場就會演變成只有有名的

藝術家才能存活下去。

你可以選擇跟信任的經紀人合作，以策略性的方式打響你的名號，當然也可以親自製作 NFT，雖然你可能會覺得鑄造手續費有點負擔，但現在市面上也有越來越多可以免費鑄造的交易所誕生，所以大可不用太擔心這個問題。

或許你也會覺得販售作品時的手續費太貴，可是當你的作品被轉賣時，你可以獲得 10％的版權費，所以從長遠來看，這筆手續費或許是值得你去投資的。

無論你是知名的創作者或菜鳥創作者，可以跨足的 NFT 領域越來越多元，除了 NFT 藝術，還有像素藝術、遊戲道具等可以嘗試，只要你有作品，就馬上去實踐吧！

為了幫助你順利實踐目標，接下來我會提供幾個策略給你參考。

學會製作數位作品的方法

如果覺得一開始就學製作數位作品的方法太過吃力，你也可以將自己的作品用相機拍下來。

遊戲方面的 NFT 就更簡單了，若你是要製作《機器磚塊》、《當個創世神》、ZEPETO 的道具，你可以透過遊戲

公司所建立的平台製作。

上傳作品的同時也記錄下來

若要證明你是這幅作品真正的創作者，最好的方法就是將過程都記錄下來。你可以去辦一個 Instagram 帳號、註冊一個推特帳號，每當你完成一幅作品就發篇文來記錄，為了要讓你的粉絲願意追蹤你、願意跟你聊你的作品，就必須積極去經營你的社群。

深吸一口氣，深思熟慮

如果你是想跟藝術家 Beeple 一樣一夜致富的話，請先記住他在此之前所投入的 5,000 天 —— 他並非真的如外界所說的「一夜致富」。

投資者

對於投資者而言，NFT 也能成為一個機會。只要能將自己購買的作品、遊戲道具，以更高的價錢轉手賣出的話，

這就能成為一個好的投資手段。

　　如果你很迷籃球跟足球，就可以透過 NBA Top Shot、Sorare 等交易所，去發掘並蒐集一般民眾還沒注意到的球員卡、好的道具等，之後再透過更高的價格轉手賣出。

　　但是投資永遠都要保持警覺，雖然現在 NFT 市場的確在快速地成長，但收藏品及藝術領域的 NFT 是絕對會泡沫化。所以投資者除了要有能看出作品真正價值的眼光，更需要對自己所投資的作品有一個站得住腳的投資理由，不然我會建議你最好還是再多觀察一下，之後再投資也不遲。

　　最後還是要再三提醒大家，一定要確保自己有脫身的方法，家一定要事先確認清楚，當交易所或交易市場突然關閉時，自己的作品會被轉移到哪裡等問題，因為投資的風險最終還是得自己承擔。

附錄
NFT 的交易市場

 **CCCV NFT**

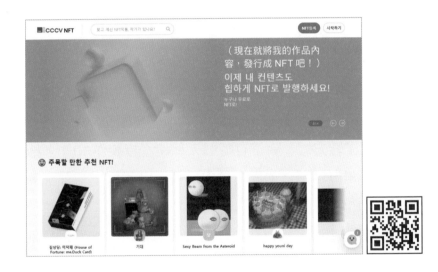

　　CCCV 是成功以 950 萬韓元（約新台幣 24 萬元）售出韓國知名綜藝節目《無限挑戰》中，來賓不小心將無限挑戰說錯成「MooYaHo」梗圖的交易所。另外，他們也與資訊

科技公司 CJ OliveNetworks、澗松美術館等多家公司合作；
而這間交易所使用的區塊鏈是 Aergo。

登入方式

　　大家可以透過 Kakao、Naver、Google 帳號來註冊會員
並登入。

交易的 NFT

　　無論是照片、圖片、影片全都能製作成 NFT 並販售，
但目前他們還沒研發出「分類」的功能。這間交易所同時使
用了兩種經營方式，除了有每個人都能直接製作 NFT 並販
售的「公開市場型」，還有只限定特約藝術家上傳作品的
「畫廊型市場」。

　　販售 NFT 時，可以依照你想要的數量去追加發行特別
版作品。

其他功能

　　你可以看到賣家、買家所販售、發行、收藏的作品。此

外，官網最下端還有「Channel.io」，可以讓使用者隨時透過這個軟體發問。

結帳方式

按下「購買」按鈕後，只要再按「我是韓國國民」，就會跳出 PASS App 驗證使用者身分[*]。結帳時可以使用現金、以太幣，以及平台自己的 AERGO。

結論

雖然這間交易所在策展方面的能力有些薄弱，但它的公開市場型交易平台、登入方式、諮詢功能都做得很便利，讓使用者使用起來比較不會覺得複雜。

---

[*] 也可以使用信箱進行驗證。

2 NFT Mania

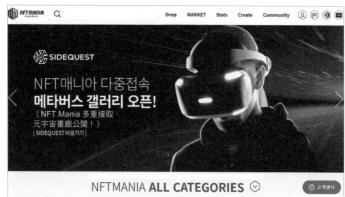

NFT Mania 是 RUSH COIN 財團打造的平台。RUSH COIN 財團最初在香港成立，他們也在 Coinone 等加密幣交易所上市他們的加密貨幣「RUSH」。這個平台交易曾經交易過韓國樂團 Leenalchi 的 Tiger Is Coming、韓國動畫電影《機器人跆拳 V》的公仔、韓國歌手崔東昱的歌曲等。

登入方式

只要你有 MetaMask、Rush Wallet、Kaikas 的加密貨幣

錢包就可以登入。

交易的 NFT

藝術、插畫、娛樂產業、運動、域名等，各式 NFT 都可以在這個平台上交易，同時他們也提供自行製作、發行並販售 NFT 的服務。

其他功能

如果你是用 Kaikas 登入，就可以將你在 KrafterSpace 上製作的 NFT 傳來 NFT Mania 上販售。

結帳方式

結帳方式會依照賣家所設定的加密貨幣幣種（以太幣、RUSH、KLAY 等）而有所差異。

結論

除了有很多知名的藝人透過這個平台販售 NFT，一般人也能輕鬆地就將 KrafterSpace 上製作的 NFT 作品拿來這裡販售。

3 Meta Galaxia

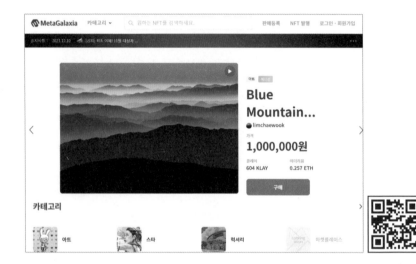

　　韓國曉星集團旗下子公司 Galaxia Moneytree 在 2021 年 5 月成立了區塊鏈 Galaxia Metaverse，同年 11 月 1 日推出了 NFT 交易所 Meta Galaxia。

　　Meta Galaxia 上交易的 NFT 除了有韓國排球選手金軟景、韓國馬拉松選手李鳳柱等運動類型的 NFT，還跨足了藝術、節目、娛樂產業等多樣的領域。

登入方式

可以透過 Kakao、Google、電子信箱的方式註冊會員並登入。

交易的 NFT

總共分成三類：明星、藝術、奢華。目前沒有公開型市場，只開放讓創作者主動申請合作。

其他功能

除了每一幅 NFT 作品都有瀏覽次數，還能按讚與分享。如果是購買奢華類作品，除了作品本身，交易所還會送上民宿住宿券。

結帳方式

雖然價格都是以韓元標示，但結帳方式只接受用以太幣或 KLAY 付款。

結論

　　這間交易所因為分類得很清楚，所以即便是第一次使用 NFT 交易所的使用者也能很輕易地上手。另外，他們也常會跟外部業者合作，透過活動免費發放 NFT，大家可以定時去上 Meta Galaxia 查看他們的最新活動。

4 Canverse

　　這間交易所是韓國《嶺南日報》旗下子公司所製作的 NFT 交易平台。交易所開張的當天，他們就成功售出了韓國著名獨立運動者白凡金九的毛筆字 NFT，而每季他們也會展示不同的作品並販售。他們使用的區塊鏈是 Polygon。

登入方式

　　可以透過電子信箱輕鬆地註冊會員和登入。

交易的 NFT

他們總共分成了「UNIVERSITY EXHIBITION」（大學展覽）跟「X DROP」這兩大類來展示 NFT 作品。其中「UNIVERSITY EXHIBITION」上展示的都是弘益大學、首爾大學、青江文化產業大學等大學生的作品；而「X DROP」則是會按照不同時間，展示並販售不同數位藝術家的作品。他們不支援公開市場型型態。

其他功能

某些特定的作品，你可以選擇額外支付一筆費用，交易所便會印出實體作品寄給你。點擊官網上方的「幫助」（HELP），便會直接跳到 Notion 筆記軟體，告訴使用者基本的操作方式及交易所簡介。他們的社群則是透過 NAVER BLOG。

結帳方式

大家可以透過線上支付平台 KG Inicis 使用信用卡支付。在說明欄的下方有一行「商品會在售後進行鑄造」，由

此可見，在買家購買了作品後，他們才會開始把作品鑄造成
NFT。

結論

這間交易所最大的優點就是可以使用信用卡支付，預計
未來他們會朝更多元化的「畫廊型交易所」方向發展。

5 Rarible

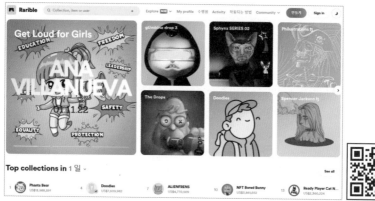

Rarible 發行了名為「RARI」的加密貨幣，Rarible 會免費發放 RARI 幣當作獎勵送給有交易的買家及賣家，每週日他們總共會發放 75,000 個 RARI 幣，以 50：50 的比例分給買家跟賣家。

登入方式

大家可以透過 MetaMask、Torus、Beacon、Coinbase、Fortmatic 等多樣的加密貨幣錢包，登入 Rarible。

交易的 NFT

在這個平台上可以交易藝術、照片、遊戲、元宇宙世界裡的土地、音樂等各式 NFT。他們有支援公開型市場型態，只要選擇以太坊、Flow、Tezos 中任一個區塊鏈，就可以輕鬆上傳自己的作品並販售。

其他功能

大家可以從「熱門收藏品」（Top Collection in）中看哪些收藏品賣得最好，也可以查看賣家及收藏家各自擁有什麼樣的作品。不僅如此，Rarible 也可以像推特一樣去追蹤其他人，甚至還可以傳訊息給其他使用者，他同時也提供了App 服務。

結帳方式

除了可以使用賣家當初所選定的加密貨幣幣種來付款，也可以使用 Visa 金融卡來結帳。

結論

這是間跟 OpenSea 十分類似的公開市場型交易所，對
於第一次進到 NFT 交易所的人，可能會被這麼多種類的作
品搞到眼花撩亂。

6 SuperRare

　　2021 年三星旗下的 Samsung Next 與國外的其他風險投資公司合作,一起投資了 SuperRare。大家可以從官網上的「世界頂級藝術家」（World's top artists'）這句話看出,一般創作者很難進到這間交易所販售自己的作品。

登入方式

　　可以透過 MetaMask 跟 Fortmatic 加密貨幣錢包連結並登入。

交易的 NFT

這間交易所是你一看到他們的作品，就會不自覺發出讚嘆：「這就是藝術品！」也因此他們並不支援公開市場型態。

藝術家必須點選官網最下方的「提交藝術家資料」（submit artist profile），並上傳你的作品給交易所審核，大部分的作品都是交易所精挑細選後，才會被上架。大家也可以透過搜尋功能找找看韓國公司 GENTLE MONSTER 的作品。

其他功能

登入錢包後，他們會跳出專門為你推薦的 NFT 作品。然而 SuperRare 的發行手續費高達了 15％，這也間接提高了創作者進入的門檻。另外，買家購買作品時必須支付 3％的手續費，只是當作品被轉賣時，創作者也能收到 10％的版稅。

跟 Rarible 很類似，SuperRare 也發行了名為「RARE」的加密貨幣。

結帳方式

SuperRare 只接受使用以太幣付款。

結論

這間交易所就像是在弘大街頭逛街，突然走進一間充滿著名貴畫作的畫廊。SuperRare 平台上只會有品質有保證的作品。

7 Nifty Gateway

　　這間交易所是美國數位藝術家 Beeple 時常發行自己作品
的地方，而韓國數位藝術家 Mr.Misang 的「Masked Workers」
也在 2021 年 7 月 15 日以 15 萬美元的金額成功售出。

登入方式

不一定要連結加密貨幣錢包，只要有電子信箱就可以登入。

交易的 NFT

Nifty Gateway 上所販售的作品就只有「藝術」（ART）而已，其中又細分成只有在特定的期間內才會販售的「嚴選作品」（Curated Drops）、「已驗證作品」（Verfied Drops）、「交易市場」（Marketplace）和「活動」（Activity）。

其他功能

針對每一幅作品都有很詳盡的介紹，像是作品的平均價格、交易金額變化等。

結帳方式

可以用信用卡或金融卡來結帳（只是第一次結帳時，會需要花 72 小時來認證持卡者身分），加密貨幣只可以使

用以太幣，但不是透過直接連結 MetaMask 的方式，而是將 Nifty Gateway 的地址傳到 MetaMask 上。

結論

　　這個平台有很多知名的藝術家進駐，因此大家可以在這裡看見許多藝術家的作品，是一間充滿很多優點可以效仿的交易所。

 CryptoPunks

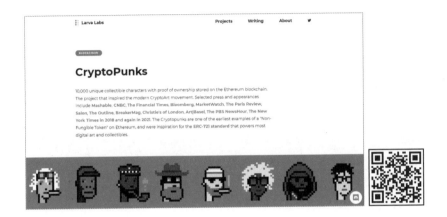

CryptoPunks 是 Larva Labs 專門販售作品的地方。

登入方式

只能使用 MetaMask。

交易的 NFT

先找到官網上的「For Sale」區塊，並點擊「click

here」，就能查看現在正在販售的 CryptoPunks。如果是正在拍賣中的，就可以投標；如果是販售中的，則可以直接用以太幣購買（見圖表附 1）。

圖表附 1　販售中的 NFT 可以直接用以太幣購買

9 NBA Top Shot

　　這間交易所[*]是開發《謎戀貓》的 Dapper Labs 在 2021
年所創立的，目前 100 萬名使用者中，就有 66 萬名是付費
使用者，而這間交易所顧名思義就是專門在交易 NBA 球
員們的球員卡。除了 Coatue Management 跟三星等企業，
明星麥可・喬丹（Michael Jordan）、克萊・湯普森（Klay
Thompson）、艾希頓・庫奇（Ashton Kutcher）、威爾・史
密斯（Will Smith）等知名人士都有投資這間交易所。

---

* 台灣無法直接進入網站，需先更改 VPN。

登入方式

可以簡單地透過認證電子信箱的方式登入,只是之後若要登入,就需要輸入傳到手機上的 6 位數驗證碼。

交易的 NFT

可以透過信用卡、以太幣、比特幣、FLOW 結帳。

雖然可以單買卡片跟卡包,但買卡包的話,你不會知道裡面放了誰的卡片。一開始加入 NBA Top Shot 時,你可以用低廉的價格去購買「Starter Pack」,至於其他的卡包則是要等到特定的日子,在線上排隊才能買到,而卡片則是隨時都可以在交易市場裡買到(見圖表附 2)。

圖表附 2　卡片隨時都可以在交易市場裡買到

10 Sorare

如果 NBA Top Shot 是以籃球選手為主，Sorare 就是個以足球選手為主的平台。Sorare 甚至有跟皇家馬德里足球俱樂部（Real Madrid C.F.）、利物浦足球俱樂部（Liverpool）、尤文圖斯足球俱樂部（Juventus）等 180 個以上的組織合作。

若大家購買 Sorare 上的球員卡，並且那位球員在實際的球場上也有亮眼表現的話，平台就會發放獎勵給買家。買家也能透過球員卡來組成一支球隊，來讓你更加享受這款遊戲。

登入方式

大家可以透過電子信箱認證的方式登入 Sorare，也可以透過 Google 跟臉書連結 Sorare 並登入。

交易的 NFT

登入後，可以建造自己的球隊，並選擇自己喜歡的隊伍，接著平台便會免費發放「球員卡」給你（見圖表附3）。球員卡除了可以運用在遊戲，之後也可以拿去平台的 Marketplace 上販售，只是 Sorare 有一點跟 NBA Top Shot 不太一樣，那就是在這個平台上免費獲得的球員卡是無法轉賣的。Sorare 可以使用信用卡、以太幣來結帳。

圖表附 3　平台會免費發放「球員卡」給使用者

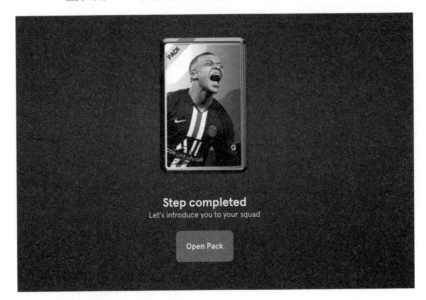

參考資料

網站

- Dooverse
  https://dooverse.io/

- MyTems
  https://mytems.io/

- OpenSea
  http://opensea.io/

- KrafterSpace
  https://www.krafter.space/ko/explore

- Klip Drops
  https://klipdrops.com/

相關報導

- 《我獨自升級》NFT，開賣 1 分鐘就完售
  https://m.moneys.mt.co.kr/article.html?no=202201131101809
  4397#_enliple

- 掀起虛擬資產浪潮的「NFT」，被《柯林斯詞典》選定
  為「年度詞彙」
  https://www.yna.co.kr/view/AKR20211125018600075

- 完整區塊鏈的概念
  https://www.banksalad.com/contents/%EB%B8%94%EB%A1%
  9D%EC%B4%B4%EC%9D%B8-%EA%B0%9C%EB%85%
  90-%EC%99%84%EB%B2%BD-%EC%A0%95%EB%A6%
  AC-dh1do

- 《什麼是「鏈」？》鏈上 vs. 鏈下
  https://www.blockmedia.co.kr/archives/94591

- 你知道所謂的「FOMO 症候群」嗎？
  https://www.huffingtonpost.kr/aftertherain/story_b_10809520.
  html

- 戴著口罩的「CryptoPunks」究竟是什麼，它的 NFT 居然

能賣出 130 億韓元

https://news.mt.co.kr/mtview.php?no=2021061109163116751

- 顯現出公鏈缺點的《謎戀貓》就此沒落

  https://www.hankyung.com/it/article/201807123095g

- 柳在春畫家的《月河 2021》200 個水墨畫 NFT 完售

  https://www.edaily.co.kr/news/read?newsId=01410406629274584

  &mediaCo deNo=257

- 青少年憑藉 NFT 逆轉人生，12 歲少年賺了 3 億韓元

  http://it.chosun.com/site/data/html_dir/2021/08/17/202108170

  2317.html

- 《MBN 遇見藝術家》「數位藝術的超級英雄」LAYLAY

  https://mbn.co.kr/news/culture/4614036

- 至少要 2.5 億韓元的猿人，BAYC 是怎麼超過「NFT 始

  祖」CryptoPunks 的？

  https://ddaily.co.kr/m/m_article/?no=228265

- 只要是加密貨幣投資人，就一定要了解的 NFT 賣場

  「OpenSea」

  https://jmagazine.joins.com/forbes/view/335166

- 「能賺錢的遊戲」──P2E 究竟要怎麼賺錢，從挖礦到元宇宙

  https://www.etoday.co.kr/news/view/2090427

- NFT 技術的理解與活用，臨界點的分析（韓國網路振興院，2021 VOL.03）

翻轉學　翻轉學系列 085

邊玩邊賺入手 NFT

迎接元宇宙時代，如何判斷真偽、避開詐騙和泡沫化，
買一張有價值又抗跌的虛實資產？

作　　　　者	李林福（이임복）
譯　　　　者	吳孟璇
封 面 設 計	張天薪
內 文 排 版	黃雅芬
責 任 編 輯	袁于善
行 銷 企 劃	陳可錞・陳豫萱
出版二部總編輯	林俊安

出　　版　　者	采實文化事業股份有限公司
業 務 發 行	張世明・林踏欣・林坤蓉・王貞玉
國 際 版 權	林冠妤・鄒欣穎
印 務 採 購	曾玉霞
會 計 行 政	王雅蕙・李韶婉・簡佩鈺
法 律 顧 問	第一國際法律事務所　余淑杏律師
電 子 信 箱	acme@acmebook.com.tw
采 實 官 網	www.acmebook.com.tw
采 實 臉 書	www.facebook.com/acmebook01

I　S　B　N	978-986-507-849-2
定　　　　價	480 元
初 版 一 刷	2022 年 6 月
劃 撥 帳 號	50148859
劃 撥 戶 名	采實文化事業股份有限公司
	104 台北市中山區南京東路二段 95 號 9 樓
	電話：(02)2511-9798　傳真：(02)2571-3298

國家圖書館出版品預行編目資料

邊玩邊賺入手NFT：迎接元宇宙時代，如何判斷真偽、避開詐騙和泡沫
化，買一張有價值又抗跌的虛實資產？/ 李林福（이임복）著；吳孟璇譯. –
台北市：采實文化，2022.6
320 面；14.8×21 公分 . --（翻轉學系列；85）
譯自：NFT, 디지털 자산의 미래-메타버스와 P2E, 돈 버는 방법이 달라졌다
ISBN 978-986-507-849-2（平裝）

1.CST: 電子貨幣　2.CST: 電子商務　3.CST: 投資

563.146　　　　　　　　　　　　　　　　　111006167

NFT, 디지털 자산의 미래-메타버스와 P2E, 돈 버는 방법이 달라졌다
Copyright © 2022 by Lee lim bok
Traditional Chinese edition copyright ©2022 by ACME Publishing Co., Ltd
Original Korean edition published by Cheongeurusoop.
This edition published by arrangement with Cheongeurusoop.
through M.J. Agency, in Taipei.
All rights reserved.

采實出版集團
ACME PUBLISHING GROUP

翻轉學

翻轉學